L'obscurité de ma vie.

Dépôt légal Belgique : D/2019/Astrid Suvée, Editions BoD.

Préface

Une biographie simple, avec de mots simples.

Je n'ai essayé d'expliquer la situation dans laquelle j'ai vécu du mieux que j'ai pu. La douleur est encore très présente et je ne trouve pas encore la solution de me défaire des peurs que j'ai subie.

J'aimerai comme beaucoup de victimes ne pas avoir vécu tout ça.

Mais la vie ne nous a pas fait de cadeau.

Que nous soyons, victimes de pervers, de manipulateurs, de violeurs, nous restons marqués à jamais.

Nous pouvons croire qu'il n'y a que les femmes qui souffrent de ça, malheureusement non, nous avons dans le monde beaucoup d'hommes qui subissent tout ça.

Quand nous sortons de ce cercle vicieux, nous n'avons pas d'autres choix que de faire appel pour certains à un psychologue, avoir un traitement via notre médecin généraliste, de temps en temps l'aide a besoin d'être plus importante.

Nous sommes tous tombés dans un engrenage que peu de personnes peuvent comprendre. Elle ne voit pas le drame qui se joue parfois devant leurs yeux.

Je l'ai vécu et n'ayant pas de famille, je peux vous dire que ma belle-mère n'a rien vu du tout. Aucun membre de sa famille à lui, n'a vu ce que je subissais à la maison.

Ce n'est pas facile pour nous victimes de se faire contrôler, d'avoir des allusions tout le temps, sans que nous nous en rendions compte nous subissons un éloignement de la famille ou des amis. Comment l'entourage proche pouvait savoir qu'une fois à la maison, nous subissons reproches, rabaissement, leçon de moral à nous donner avoir honte en nous même, avec cette peur qui s'installe.

Nous n'osons plus bouger, à cause des menaces directes ou des promesses déguisées en menace.
Car le mien me disait toujours, ce ne sont pas des menaces mais des promesses.
J'espère que le peu que j'ai écrit mais très difficile pour moi, pourra déjà vous aider à comprendre le vécu de nous victimes de ce genre de personnes.
Tant que je travaillerai avec ma psychologue.
Les personnes qui m'entourent, je continuerai d'écrire, ce que j'ai sur le cœur, des moments que je me souviens, des gestes qu'il fessait, de son comportement.
Pour moi c'est une autre façon de faire une thérapie.
Je sais que j'ai encore beaucoup de travail à faire sur moi-même pour m'en sortir, mais avec l'aide de Dieu et de tous ceux qui m'entourent j'y arriverai.

Il y a une partie que j'ai écrite, car je ressentais le besoin pour redonner de l'espoir à ceux qui n'y croient plus.
Que malgré les durs moments que nous traversons, nous pouvons y arriver malgré tout.
Je sais que c'est dur pour beaucoup d'entre vous, alors essayer de croire encore à l'amour.
Même entre deux moments de déprime, penser tout doucement ce que serait votre vie, si vous trouviez une personne qui est à vos côtés pour surmontés tout ça.
Par ma propre expérience, j'ai voulu fermer la porte parce que je n'arrivais pas à croire que je pouvais tomber sur une personne dévouée et qui vous fait redécouvrir ce qu'est le vrai amour.
J'avoue que nous victime après ce qui nous est arrivé, nous avons un manque de confiance déjà en notre propre personne, alors notre malheur c'est que nous avons du mal à faire confiance.

C'est un des points importants à travailler avec votre psychologue, tout comme moi je fais.

Je vous laisse découvrir le livre, bonne lecture et n'hésitez pas à me contacter si vous en ressentez le besoin ou tout simplement pour m'envoyer vos critiques, elles seront les bienvenues que ce soit en positive ou en négatif. Toutes critiques insultantes, raciste ou autres seront automatiquement transmis à qui de droit. Merci de votre compréhension.

Niki.bb.thiziri@hotmail.com

Remerciements :

Je voudrais remercier, une personne chère à mon cœur, qui m'a permis de tenir le coup jusqu'à présent.
Toujours à mes côtés sans savoir ce qui se passait réellement dans ma vie.
Encore aujourd'hui, je lui dois beaucoup, car c'est grâce à ses encouragements journaliers que j'ai réussi à réaliser ce projet.
Cette personne a réussi à me faire aller au-dessus de mes capacités dans certains domaines.
Elle m'a aussi redonné de l'espoir, que tous les hommes ne sont pas les mêmes.
Elle a une patience incroyable et calme.
Je ne peux que remercier l'homme qui fait partie de ma vie Aziri Billal.
Merci d'être là à mes côtés, sans toi je n'y serai jamais arrivé.
J'aimerai remercier aussi toutes les personnes ou organisme de mon entourage : Le Déclic, Vie féminine, Ma

psychologue, Le Diacre J.P. Lanoit. Une personne toujours présente V. (elle se reconnaitra). Des membres du Cpas, pour mieux m'orienter dans la vie. J'ai mes amies en France et en Belgique qui méritent aussi que je les remercie, car même si la distance est là, elles ont toujours eu le mot pour me rebooster. Je voudrais remercier une personne qui a pu me donner son avis avant la lecture, et me donner quelques conseils, c'était une première pour elle de me rendre ce service, et j'ai pu voir ce que je n'ai pas vu c'est Virginie B., En temps normal elle est éleveuse de chiens en France.
Merci à vous tous aussi d'être à mes côtés à chaque fois que je ressens le besoin.
Si j'ai oublié quelqu'un je suis désolé, ce n'est pas volontaire. Mais devoir sortir de l'enfer où l'on a été amène à voir beaucoup de monde pour mieux avancer.

Notre dépression à tous.
On m'a toujours dit de penser positif,
J'ai beau essayer mais ça ne marche pas.
Juste mettre un masque, montrer que l'on est fort,
Mais on se sent si faible à l'intérieur de soi.
Trop de personnes se sentent comme ça.
Il a fallu que je fasse partie de ses personnes malheureusement.
Se sentir mal,
Ne plus avoir le goût à rien,
Ne plus oser sortir de chez soi, peur du regard des autres,
Ne plus oser dire ce que l'on pense, peur du jugement,
Avoir peur d'avancer, à cause de tous les échecs que l'on a subie.
Le sentiment de milliers de personnes sur terre.
Nous cherchons tous une solution pour s'en sortir.
Nous avons trop dur à remonter à la surface.

Oui, certains d'entre nous avons de la chance d'avoir des amis fidèles pour nous rebooster,
Ça nous réchauffe le cœur.
Nous aimerons leur montrer de quoi on est capable, mais au fond de nous, on se pose l'éternel question comment faire ?
À chaque fois que nous fessons un pas, on nous met des bâtons dans les roues
Nous avons l'impression de ne jamais arriver à remonter la pente
La plupart du temps, on se laisse écraser par des bêtises parce que certaines personnes ne comprennent pas ce que nous vivons.
Mais pour nous, les personnes qui tente désespérément de remonter à la surface, ce sont des bêtises qui nous bouffent toute notre énergie
Pour pouvoir reprendre son courage à deux mains, il nous faut plus de temps, qu'une personne qui n'a jamais eu de problèmes.

Mais toujours en espérant que nous n'ayons pas d'autres problèmes sur la route
Sinon, on sait que ça va nous replonger dans un vide immense et dans des tas questions.
Nous voudrions être fort et ne plus porter un masque, mais ce n'est qu'un rêve pour plein de personnes qui affrontent seul tous ses problèmes
Même si on a le plus beau soutien au monde, celui de ses amis, de ses amies, de ses connaissances, et peut être de temps en temps de la famille
Nous nous sentons incapable de remonter la pente, à cause d'une seule et unique chose, la peur d'échouer
Alors nous préférons rester seule, pour éviter de faire souffrir d'autres personnes ou tout simplement pour éviter que l'on se fasse plaindre.
C'est dur le combat que l'on doit mener, c'est dur de devoir trouver l'énergie pour affronter la journée.

Mais nous n'avons pas le choix, car c'est la société qui le veut. De nos jours, on a plus le droit à être faible, et pourtant nous qui essayons de remonter la pente. Nous aimerons pouvoir le faire à notre aise, et à notre rythme.

Un rêve pour nous qui nous est défendu sinon on perd tout ce que l'on a acquis dans le passé.

Mais à tous ceux qui sont dans le même cas que moi, je sais ce que vous pouvez ressentir, et malgré tout ne perdez pas espoir.

Gardez confiance en vous, pleurer le soir si vous en avez besoin.

C'est plus facile pour affronter les lendemains.

La vie est mal faite
La vie est vraiment mal faite parfois et même souvent
Nous nous sommes trouvés ensemble mais est-ce le bon moment
Ni toi ni moi ne commandons nos sentiments
La vie est vraiment mal faite parfois et même souvent
Nous n'avons rien demandé a personne pour en arriver là
Mais voilà notre attirance l'un pour l'autre est là
Devant Dieu et les hommes ton cœur appartient à un autre
Mais ton cœur ne voit plus de la même manière cet autre
La vie est vraiment mal faite parfois et même souvent
Nous n'avons même pas besoin de faire semblent
Nos regards nos paroles nos gestes
Notre attirance notre tendresse
Ni toi ni moi ne sommes trompés par tout cela

Pourquoi toi pourquoi moi pourquoi en sommes-nous là
La vie est vraiment mal faite parfois et même souvent
Tu voudrais pouvoir donner plus mais tu crains le regard des gens
Je te donne ce que tu acceptes que je te donne
J'aimerais pouvoir donner plus comme tu n'as jamais reçu de personne
Mes pensées sont pour toi tout au long de la journée
Tout comme je sais que moi aussi j'occupe tes pensées
Tous les jours tu n'as de cesses de me le répéter
Moi à aucun moment je n'arrive à oublier
La vie est vraiment mal faite parfois et même souvent
Qu'adviendra-t-il de nous et de nos sentiments
Est-ce un rêve ou un cauchemar
Allons-nous nous réveiller quand il sera trop tard

La vie est mal faite parfois et même souvent
La vie est mal faite maintenant j'en suis conscient

Le temps de ma vie.
La vie m'a donné du temps
Du temps pour apprendre
Du temps pour découvrir
Du temps pour faire des erreurs
Elle m'a donnée du temps pour les réparer
Je ne l'ai pas fait.
J'ai eu du temps pour l'amour
Du temps pour les déceptions
Du temps pour les joies
Du temps pour les malheurs
Elle m'a donné du temps pour les analyser
Je ne l'ai pas fait
J'ai eu un temps pour les réussites
Du temps pour les échecs
Du temps pour voyager
Du temps pour me retrouver

Elle m'a donné du temps pour me reconstruire
Cette fois je l'ai écouté
J'ai réalisé
Que c'est la vie qui avait raison
Il est temps pour moi de repartir
Même à zéro avec tout l'enseignement
Que la vie m'a donné cette seconde chance
Je ne la raterai pas.

Meurtrier de l'âme
J'ai été la proie d'un meurtrier de l'âme,
J'ai vécu la dégringolade de mon être,
Je ne serai vous dire comment,
Je ne serai vous dire pourquoi,
Je ne sais qu'une chose,
Je suis meurtrie à tout jamais,
Malgré la solitude,
Qui devrait me remettre sur pied,
Qui devrait me permettre de rebondir,
Je n'y arrive pas,
Les phrases incessantes qui courent dans ma tête,
Les mots qui ont brisés mon cœur,

Malgré l'amour que j'ai retrouvé,
J'ai toujours aussi peur,
Peur de m'ouvrir, pour mieux avancer.
Ce meurtrier de l'âme,
A fait en sorte que jamais,
Je ne puisse l'oublier,
Combien de personnes avant moi,
Il a détruit, il a mis son empreinte,
Il m'a détruit mon âme,
Mais il a détruit une famille,
Des enfants qui n'avaient rien à voir,
Dans la vie des adultes,
Agir en secret, derrière le dos de tout le monde.
Pour après vous faire passer pour la méchante.
Comment puis-je rouvrir mon âme ?
A des personnes qui vous aides.

La rage que j'ai en moi,
La rage que j'ai en moi,
Se traduit par un mal aise,
Je ne sais pas le cacher,
Elle doit sortir,
Elle doit s'enfuir loin,
Je sais que je vais blesser des gens,
Je sais que ça ne va pas plaire,
Je n'y peux rien,
C'est plus fort que moi,
J'en peux plus de la garder,
Elle est attachée en moi,
Comme une maladie,
Je veux guérir et c'est la seule façon,
C'est me laisser exploser,
Dire ce qui ne va pas,
Je n'ai pas la manière de le dire,
Mais ça me soulage,
Ça fait mal aux autres,
Pour certains, je m'excuse,
Pour d'autres, ils le méritent.
Je ne veux plus qu'on joue avec moi,
Je ne veux plus être une marionnette,
Que l'on manipule comme on veut.

Je veux être moi, simplement
Cette rage ne peut que sortir
Tel qu'elle est, au moment précis,
Quand quelque chose ne va pas.
Il n'y a que de cette façon
Que je puisse me sentir bien.

Ma vision de la solidarité.
Je ne veux plus voir les gens que j'aime souffrir,
Je ne veux plus voir les personnes aux grands cœurs,
Se dévaloriser, Se sentir rabaisser, Broyer du noir,
Je voudrais avoir cette force en moi,
De redonner un peu de bonheur à tous ceux qui en ont besoin,
Je voudrais ne fus qu'un instant voire un sourire
Sur un visage désespérer.
Je ne suis pas douée pour moi-même,
Je sais que je le suis pour les autres,
Je réalise que ça fait un bien immense,
De réconforter ceux qui en ont besoin,

Je voudrais réa- apprendre aux gens,
C'est quoi l'entraide, l'humanité,
Je voudrais dire aux proches d'arrêter de rabaisser les gens,
Ceux qui font de leur mieux pour s'en sortir,
Apprenez de nouveau, à lire entre les lignes.
Apprenez à tendre la main quand il faut,
N'ayez pas peur de faire le premier pas,
Tout le monde le dit sur les réseaux sociaux,
Alors pourquoi pas le faire dans la réalité,
A la place de faire l'hypocrite dans la vie réel.
N'ayez plus honte car c'est le sentiment que j'ai,
De montrer de la sympathie pour autrui,
N'ayez plus honte de regarder les gens dans les yeux,
Ne pensez pas directement parce que l'on vous regarde,
Que l'on va vous draguer,
Que l'on va vous demander quelque chose,

N'ayez plus honte de montrer que vous avez un cœur,
Vous Dites haut et fort sur Facebook qu'il faut s'aider,
Alors changé vraiment, montré que vos paroles,
Sont sincères, passez aux actes, c'est le plus important.
Aidez-vous les uns les autres.
Soutenez-vous s'il vous plait.
Merci

Ma définition du coup dur.
Un coup dur,
Aussi petit puisse être,
Peut créer beaucoup de dégâts.
Tout dépend qui le reçoit,
Un coup dur, une parole,
Peut détruire psychologiquement,
Un coup dur, une mauvaise nouvelle,
Peut faire reculer une personne,
Sur tous les efforts qu'elle a faits.
Un coup dur, une découverte,
Vous enlèves tout l'envie d'avancer.

Un coup dur, Un mensonge,
Tous les doutes s'installent,
Moral retourne à zéro,
Lueur d'espoir disparaît.
Un coup dur, Une envie,
Se résume à un mot,
Mourir, ne plus vivre.
Tellement la douleur est dure.
Un coup dur, une prière,
Une prière pour s'en sortir.
Un souhait si fort,
Qu'on ose plus y croire.
Coups durs sur coup dur,
Tue l'âme de la personne,
Tue son seul espoir
Tue la flamme en elle.
Tue la lueur qu'elle a tant préserver.
Alors éviter de faire subir
Des coups durs aux personnes,
Vous ne connaissez pas son passé.

Aidez-vous, svp
Savoir une personne heureuse,
Savoir que vous avez fait une petite chose,
Un petit geste,
Ne peut que vous faire un bien fou,
Pour ma part, je suis heureuse,
C'est bizarre peut être pour vous,
Pour moi c'est important,
Important qu'une personne retrouve ses forces,
Je ne peux pas accepter de savoir une personne mal,
De ne rien faire pour elle, de la laisser là.
C'est plus fort que moi,
Je dois trouver, je dois chercher,
Ce qui pourrait la rendre heureuse,
Ou même lui redonner espoir,
Il le faut, il faut aider, il le faut,
Je voudrais faire plus, beaucoup plus,
Mais je ne peux pas, je suis impuissante,
Ça fait mal de ne pas aider comme on veut,
Pourquoi sommes-nous limités,

Pourquoi seulement une partie et pas l'autre,
Pourtant tout le monde a droit au bonheur,
Tout le monde peut avoir l'espoir en soi,
Créer la plus belle chaîne humain de solidarité.
Regardez-vous, comment vous pouvez faire,
Pour redonner le sourire, l'espoir à un inconnu,
Une inconnue.
Dieu vous le rendra, même si vous n'y croyez pas,
Moi, j'y crois et c'est le plus important.

C'est si facile,
C'est si facile de détruire une personne,
Une personne qui ne voulait que vivre,
Vivre de bonheur, de joie et d'amour,
Un amour qui s'est fait vite illusion,
Une illusion d'un monde,
Un monde qu'elle ne connaîtra pas,
Pas moyen de remonter à la surface,

La surface est trop loin pour elle,
Elle voulait vivre heureuse et en paix,
Une paix familiale qui lui a coûté chère,
Chère dans son espoir et dans son amour propre,
Propre à elle-même, ce monde qu'elle désirait tant,
Avec tant de calme, de sérénité et une famille unie,
Unie elle pensait tellement que ça serait facile,
Mais facile à quel point, elle rêvait de trop,
Trop au point de s'être laissé manipuler,
Manipuler par un homme qui soi-disant l'aimait.
L'aimait oui, mais il fallait que ça soit à sa façon,
Une façon diabolique et malgré tout,
Tous les efforts qu'elle a faits, elle espérait,
Espérait toujours à des jours meilleurs,
Meilleurs que son enfance, qu'elle n'a pas eu.
C'est si facile de détruire une personne,

Qui ne demandait rien qu'un peu de bonheur.
Au final, il n'y a que déchirure et déception.

Le problème
Prendre un problème
A la base pour le réparer,
C'est bien,
Mais le prendre
Au milieu pour le réparer
Ça n'ira jamais.
Pourtant, tous ceux qui veulent m'aider,
Je dirais même soi-disant m'aider,
Ne comprennent pas
Qu'ils ne sont pas sur le bon chemin,
Oui, ils ont fait des études,
Mieux que moi, c'est sûr.
Mais leurs logiques n'est pas la bonne.
Ils analysent seulement ce qu'ils veulent bien.
La partie qu'ils veulent,
Mais ce n'est pas de l'aide,

C'est de la torture psychologique qu'ils font.
Quand on construit une maison,
On commence par les fondations,
Pour être sûr que ça ne s'écroule pas.
Les problèmes c'est pareil,
Mais personne ne veut comprendre
Ça dit vouloir t'aider.
Mais ils ne font que m'enfoncer,
Me détruire moralement,
A force de toujours entendre la même chose.
De redire toujours les mêmes paroles.
Ils veulent un coupable,
Ils ont trouvé leur proie,
Ce n'est simplement que moi
Moi, qui ait subit l'enfer,
Avec un homme qui ne pensait qu'à lui.
Un pervers qui n'a jamais accepter
Ses défauts et sa jalousie maladive.
Mais tellement manipulateur,
Qu'il rejette la faute sur sa mère.
Mais là personne ne le voit vraiment.
Quand vont-ils ouvrir leurs yeux,
Je pense que ça sera,

Le jour où il sera trop tard,
Quand j'aurai disparu.

La femme de l'ombre
Tenue debout
D'une droiture incomparable
Comme on lui a appris
Sa vie fut très dure
Ne jamais contester
Accepter le cœur serré
Pour avoir les critiques
De toute façon
Toujours présentable
Pour ne pas se faire remarquer
Tenir la maison toujours propre
Avoir peur de donner son avis
Juste pouvoir éduquer ses enfants
L'envie grandissante de bouger
L'envie de promenade interdite
Oser aller au-delà de l'interdiction
Se faire rabaisser ensuite
Pleurer toute la nuit en silence
Qu'elle a banni l'image de son visage
Imaginez pourquoi ?

Le corps meurtri,
Le soir tombe,
J'ai peur de ce qui va arriver.
Je veux prendre une douche.
Je n'y arrive pas, j'ai peur.
Peur que l'on touche encore mon corps.
Peur de devoir sentir ses mains me caresser.
Peur de devoir jouer encore la comédie.
Je me sens sale,
Je prends le risque,
Je prends ma douche.
Je reviens dans le salon.
Il se lève, va se laver.
Pour lui c'est clair.
Il va pouvoir me toucher.
Il fait le blagueur en revenant.
J'ai peur, je me braque,
Mais je ne le montre pas.
Je reste sur mon pc,
Je n'ose plus bouger.
Il se lève, s'approche.
Je lui fais comprendre

Je n'ai pas envie, je fais des recherches.
Je trouve toutes les excuses.
Mais ça ne lui suffit pas.
Il dit que je le trompe.
C'est pour ça que je n'ai pas envie.
Mais rien n'y fait.
Il commence à me harceler.
Je veux la paix,
Contre mon envie,
Le cœur serré,
Je joue la comédie.
Il est là contre moi,
J'ai envie de m'enfuir.
Mais il m'a bloqué.
Je ne sais pas bouger.
Je dois subir le pire,
Il sait que je ne veux pas.
Alors il me le fait payer.
En me fessant du mal,
A l'intérieur,
Pour que personne ne voit.
Mais pour que ça soit gravé
Dans ma tête, en cas de prochain refus.
J'ai le corps meurtri, sale.
Il m'a violé une autre fois.

Je le hais au plus profond de moi.

Le mal aise
Avez-vous déjà eu l'impression,
De revivre ce que vous avez déjà vécu.
Ne fus qu'une seule fois.
C'est une sensation horrible,
Une peur qui refait surface,
Un besoin de retrouver la paix intérieure.
Mais pas moyen,
La boule au ventre arrive.
L'envie de vomir revient,
Les mauvais souvenirs sont là.
Que se passe-t-il en nous ?
Pourquoi revivre des moments pareils ?
On essaye de se rassurer du mieux qu'on peut.
Mais non, c'est là, une peur grandissante.
L'éternel question pourquoi tout ça.
Besoin de trouver du réconfort.
Mais chez qui, et comment expliquer.
Trouver les mots juste pour être comprise.

Oui, j'ai peur, peur que tout ça recommence.
Je voudrais guérir du mal que j'ai en moi.
Je voudrais enlever ce manipulateur,
Cette personne qui m'a détruite de ma tête.
Qui peut m'aider réellement.
Pour ne plus vivre dans l'angoisse,
Ce n'est pas une simple aide que j'ai besoin,
Pas une écoute, juste un peu.
J'ai besoin de solution,
C'est un s.o.s urgent que j'ai besoin.
S'il vous plaît ne me laisser pas
J'en peux plus de cette peur
Qui me ronge les entrailles.

Elle aimait la vie.
Cette jeune femme,
Avait tant d'espérance,
Tant de rêve,
Elle aimait la vie,
Elle aimait aider les autres,
Un jour, tout à changer,

Elle rêvait encore plus,
Elle se révoltait trop,
Elle n'arrivait pas à accepter,
La misère dans le monde,
Les injustices commissent.
Malgré tout elle continuait,
D'aimer la vie si chère à son cœur,
Ses larmes coulaient à chaque misère,
A chaque injustice, chaque douleur,
Jamais elle n'a montré combien ça la touche,
Elle montrait, qu'elle aimait la vie,
Malgré les déceptions, les trahisons,
Les incompréhensions, La solitude.
Elle s'est toujours battue,
Toujours se relever, recommencer,
La seule parole qu'elle se disait,
C'est la vie, je dois l'accepter,
Un jour, tellement déçue,
Tellement brisée,
Que son amour pour la vie,
Que l'espoir qu'elle avait,
S'en est allé.
De toutes ses forces,
Elle voulut recommencer à aimer la vie,

De toutes ses forces,
Elle voulut se battre, recommencer,
Mais la vie ne lui a pas fait de cadeau,
L'amour pour la vie,
L'amour pour les siens,
S'en est allé, s'est envolé.
Elle aimait la vie,
Pourtant elle s'en est allée,
De désespoir, de ne pas pouvoir,
Offrir un meilleur monde,
Pour ceux qu'elle aimait.
Sans un mot, elle a dit adieu,
Adieu à cette vie qu'elle aimait tant.

Le chemin
Comment savoir si on est sur le chemin
Sur le chemin pour retrouver notre destin
Il n'y aura aucune réponse à cette question
Puisque c'est la vie qui fait la raison
Il faut parfois que l'on suive la lumière de nos yeux
Qui nous donne une peur bleue
Une peur de nous renfermer

Sur le secret de la liberté
Il faut suivre
Sans du moins rire
La corde de la vie
Qui est là et qui nous sourit
Il faut prendre cette direction
Qui, en seul mot est la guérison
La guérison de tous nos malheurs
Qui traîne dans le fond de notre cœur
Pour guérir
Ensuite revivre
Faut se mettre à l'évidence
Tout ce qui fait notre ressemblance
S'avouer tout ce qu'on a pu égarer
Égarer sans peut-être le vouloir
Mais qui fait quand même voir
Comment la vie peut être noir
Si on ferme notre cœur
Aux routes du bonheur

Tant d'étoiles,
Tant d'étoiles sont apparu,
Le jour de ses dix-huit ans,
Ses yeux brillaient,

Elle pouvait commencer à vivre,
Pleinement, entièrement,
Chaque découverte du monde,
C'était la même chose,
Un feu d'artifice se voyait dans ses yeux,
Elle ne savait rien cachée,
Tout était mis dans ses yeux,
La joie, le bonheur et les peines,
Son cœur trop doux, trop bon,
Chaque aide qu'elle donnait,
La satisfaisait,
Le bonheur était dans ses yeux.
Tant d'étoiles, que personne n'a pu enlever.
Le mal qu'on lui fessait, elle acceptait,
Sans rien dire, sans rien montrer,
Un sourire forcé, pour dissimuler sa peine,
Que personne ne comprenait.
Elle a enfui tant de chose,
Tant de malheurs, tant de mots.
Ne pas parler de son mal,
C'était une priorité pour elle,
Elle ne pouvait pas voir les autres souffrir.
Son innocence face à la vie,

C'était de voir les autres heureux.
Quand un malheur arrivait,
Elle devait aider, quitte à se faire du mal.
Même si elle était impuissante,
Elle se devait d'aider.
Elle s'en oubliait elle-même,
Jusqu'à ce que son cœur soit rassurer.
Elle avait tant d'étoiles dans ses yeux.
A quarante-deux ans, une seule personne,
A enlever toutes les étoiles de ses yeux.
Un an plus tard, plus personne ne les voyait briller.
Tout ce qu'elle voulait pour les autres,
Elle le désirait un peu pour elle.
Les étoiles ne sont pas revenues,
Son bonheur était mort.
D'avoir été trahie, et condamnée,
Car son cœur trop généreux,
De voir le bonheur des autres,
Cette personne avait tout détruit en elle.
L'avait rendue peureuse et distante.
Elle s'était refermée sur elle-même.
Sans se rendre compte, qu'elle sombrait,
Pour une personne qui lui avait volé,

Son âme, sa vie.

Mes sentiments,
Sentiments de dégoût,
Sentiments de rage,
Sentiments de haine,
Sentiments de peur,
Sentiments de colère,
Sentiments de fatigue,
Sentiments de méfiance,
Sentiments insurmontables,
Sentiments d'énervement,
Des sentiments qui ma gâche la vie,
Des sentiments qui m'empoisonne,
Petit à petit, je tombe,
Petit à petit, je me noie,
J'ai mal, je veux remonter,
Mais je n'y arrive pas,
Je prie Dieu pour m'enlever tout ça,
Je prie pour que ma vie s'améliore,
Je sais qu'il est là,
Il est près de moi,
Mais les sentiments sont toujours là,
J'ai mal c'est dur, trop dur.

Une minute seule et ma vie chavire,
C'est l'horreur, à part Dieu,
Qui peut m'aider

Ne me demandez pas,
Ne me demandez pas,
De devenir Molière ou Baudelaire,
Où mes paroles deviendraient faussaire.
Ne me demandez pas d'être Jean de La Fontaine,
Sinon, je serai sans gêne.
Ne me demandez pas d'être Jean de La Bruyère,
Mon écriture deviendrait meurtrière.
Ne me demandez pas d'être Nicolas Boileau,
Mes textes ne seraient pas loyaux.
Ne me demandez pas d'être Scarron,
Même toute seule, je serai un escadron.
Ne me demandez pas d'être Honoré de Balzac,
Vous risqueriez de devenir cardiaque.
Ne me demandez pas d'être Victor Hugo,
Je n'ai pas envie de mettre mon turbo.

Ne me demandez pas d'être Albert Camus,
Vous en avez tellement déjà vu.
Ne me demandez pas d'être Emile Zola,
Je n'ai pas eu mon baccalauréat.
Ne me demandez pas d'être Voltaire,
Mon âme, ma vie est prisonnière.
Demandez-moi de rester moi-même,
Pour vous écrire le plus beau des requiem.
Ça ne sera pas du Brahms ou du Mozart,
Ce sera simplement un sonar,
Où je serai mon propre personnage.

Toujours écrire,
Ecrire, encore écrire,
Toujours cette envie,
Dans les moments sombres,
Dans les moments de joies,
Dans les moments de tristesses,
Dans les moments de bonheurs,
Toujours écrire,
Ma sortie de secours,
De la vie si dure envers les êtres humains.
Dire ce que les autres pensent tout bas.

Encore et toujours,
Je veux que les gens ouvrent leurs yeux.
Je désire que le monde retrouve son humanité.
Mes écrits ressemblent à beaucoup d'autres,
Avec des mots différents, les miens,
Avec tendresse, amour, pureté,
Tout comme aussi,
Avec, tristesse, dureté, noirceur.
Car la vie se résume chez moi à ça.
Tu n'aimes pas, ce n'est pas grave.
Si tu aimes, je suis contente.
Mais modeste, et je remercie Dieu.
Apprenez à dire à votre façon,
Ce que vous ressentez,
Apprenez à ouvrir votre cœur,
Laissez échapper l'amour,
La sympathie et la tendresse,
Que vous avez au fond de vous.
Pour le bien de l'humanité.

Ma plume
Ma plume et moi écrivons sur ce papier blanc

Des mots qui riment ensemble, des mots d'amour
Des mots d'émotions, des mots de tous les jours
Des mots sur tout, un sujet si grand
Ma plume me permet de me vider un peu
Ma plume me permet d'écrire mes malheurs,
Mes profonds sentiments venant droit du cœur
Ma plume me permet de résister au mieux
C'est la dernière chose qui m'appartient
La seule chose qui au monde m'est très chère
La chose qui peut calmer toutes mes colères
L'unique chose qui peut me faire du bien.

Six ans, Découverte de disputes.
A 6 ans, une soirée calme,
Tranquille, jouer, manger,
Prendre son bain, dormir.
Quelques heures passent,
La porte s'ouvre,

Les voix commencent,
Discussion douce,
Vite transformer en cris,
Première fois, que j'entends ça,
Pourquoi, tout va bien dans la maison,
Mon papa est amoureux de maman,
Mes parents travaillent très dur,
Alors pourquoi, des cris,
Ça me fait mal,
Je ne veux pas subir ça.
J'ai peur, je n'ose pas bouger,
Un moment de répits, le calme.
Je suis soulagée,
Je retrouve le sommeil.
Milieu de la nuit, très tard,
Ça recommence, les cris,
Ma tête ne comprend pas.
Je réveille ma sœur,
Elle a l'habitude, pas moi,
C'est la première fois,
Pourquoi tout ça,
Que s'est-il passé ?
Je suis trop jeune pour comprendre.
Ma sœur ne veut pas m'expliquer.
Je pleure en silence,

Le cœur brisé,
J'ai perdu mes parents,
La police l'a arrêté.
Ma vie est brisée.

Neuf ans, pleine de douleur.
Être petite, avoir 9 ans,
Ne rien connaître dans la vie,
Ne pas savoir comment se faire comprendre.
Ne pas se sentir aimée.
Ne pas sentir la présence de sa maman,
Voir ses sœurs et son frère s'épanouirent.
Avoir le sentiment d'être en trop dans la famille,
Déjà à cet âge,
On a droit à avoir l'amour d'une mère,
Je ne l'ai pas eu, pourquoi, je ne sais pas,
Je le voulais tant, ses bras me manquaient,
Elle n'était jamais à la maison,
Toujours en train de s'amuser.
Rentrer le soir avec un homme différent.
Tous les soirs, la même chose à subir.
Le même discours qu'elle disait,

Je ne pouvais pas parler,
Je devais faire semblant de dormir.
J'avais mal en pensant à mon papa.
J'avais mal de me taire.
J'avais mal des coups reçues le lendemain.
Déjà à 9 ans, ma vie était un enfer.

Je n'avais même pas dix ans,
Pourquoi j'ai eu mon enfance volée,
Question de beaucoup d'enfants,
Qui n'y comprend rien,
Un regard innocent,
Une envie de découvrir le monde,
Mais certains adultes ne leurs laissent pas une chance,
Je ne savais pas ce qui m'arrivait,
Je ne comprenais pas ce que mon beau-père voulait.
Si je ne fessais pas ce qu'il disait, il me tapait.
De douloureux moments à écrire,
Trop dur de se remémorer.
Pourtant pour avancer, pour comprendre,

Je n'ai pas le choix, il le faut.
Ne pas pouvoir parler,
Que ce soit à l'école, à votre propre mère,
Obliger de garder le silence,
Au début juste les coups,
Le lendemain, pour mieux me faire obéir
D'après ses paroles, il a commencé à me toucher.
Toujours cette phrase qui résonne,
Il fallait faire ce que j'ai dit, rien d'autres.
L'envie de pleurer est là, s'il le voit,
Comment va-t-il réagir ?
Je n'ose pas, je ravale mes larmes,
J'écoute ce qu'il me dit, des mots horribles,
Cette main qui me touche, j'ai envie de vomir.
L'autre main dans mes cheveux pour ne pas bouger,
Un rituel devenu habitude pour lui.
Un cauchemar pour moi.
Je veux parler mais je ne peux pas,
Je veux mourir mais comment faire.
Maman n'est jamais là,

Je souffre j'en peux plus.

J'ai eu dix ans, je le regrette,
Enfin mon anniversaire,
Le bonheur comme tout enfant,
Normalement ça devait être un beau jour,
Non, malheureusement,
Juste au début c'est vrai.
Une fois la journée finie,
L'horreur a commencé,
J'ai dû rangée, faire la vaisselle,
Maman part, ma grande sœur partie,
Les deux petits au lit.
Je range, le regard de mon beau père,
Il se pose sur moi, je le sens,
J'ai la peur qui m'envahit,
Je sais ce qui m'attend,
Je veux qu'il me laisse tranquille,
J'ai fini, sans rien dire, je pars,
Je vais dans ma chambre,
Je vais fermer la porte, je veux mettre la chaise,
Trop tard, je ne l'ai pas entendu,
Il m'a suivi, il met son pied,

Je suis bloquée encore une fois,
Il pousse la porte,
Une bouteille à la main,
Entre, boit, me dévisage méchamment,
Il va me toucher c'est sûr.
Il se rapproche, ça commence,
Mon anniversaire, un vrai calvaire,
Il me tend la bouteille,
M'oblige à boire, j'ai envie de vomir,
Il me dit que je suis en âge d'apprendre,
Que de question dans ma tête,
Je suis obligée d'encore boire.
Il se rapproche, me touche,
Il me fait mal, trop mal,
Il arrache mes vêtements,
Pour la première fois,
Il va plus loin que d'habitude.
Il m'embrasse la bouche,
Les seins que je n'ai pas vraiment,
Le ventre, revient à ma bouche.
Il boit, je suis obligée aussi.
Son pantalon tombe,
Il tire mes cheveux,
Je me débats, je lui dis,
Je ne veux pas, il me gifle,

J'ai mal, je résiste,
Il est trop fort,
Personne pour me sauver,
Je pleure en silence,
Quand le supplice est fini,
Il ose me demander pardon,
Je le déteste, je veux le tuer,
Je veux parler,
Mais il m'a menacé.

Dix ans et six mois,
Ma vie est un cauchemar,
Chaque fois qu'il peut,
Il vient me toucher,
Toujours le même scénario,
J'ai mal au ventre,
De cet alcool forcé,
Maman ne remarque rien,
Elle rigole toujours avec lui,
Elle l'aime toujours autant,
J'ai essayé de lui parler,
Jamais le temps, je dérange toujours,
Pourquoi elle ne dit pas à ça à ma sœur,
Elle peut tout faire,
Elle rigole, sort, elle profite,

Moi, je dois subir,
Subir les abus de mon beau-père,
Pourquoi je vis encore,
Pourquoi je grandis encore,
Pourquoi mon corps change encore,
Il me dit que je l'attire de plus en plus,
Il fait de nouvelles choses à chaque fois,
Ce soir sera l'horreur,
Je voulais regarder un film,
Maman devait encore sortir entre amies,
Alors je change d'avis, je vais dormir.
Il part la déposer, je vais dans ma chambre,
Vite au lit faire semblant de dormir,
Mais je l'entends dans les escaliers,
Je bloque ma respiration, pour mourir,
Ça ne marche pas, la porte s'ouvre,
Il pue, me répugne, une parole,
Lève-toi, je sais que tu ne dors pas,
Je ne bouge pas, j'ai trop peur,
Il se rapproche, arrache les couvertures,
Pétrifier, immobile, le minimum de souffle,
Il attrape mon bras, me tire du lit,
Prend mes cheveux, me relève.

Tu as voulu jouer, tu sais ce qui t'attend.
Je supplie que non, je ne veux pas,
Arrête, tu as maman pour ça.
La phrase de trop, les coups,
Il me déshabille violemment,
J'ai très peur, il est trop méchant,
Revivre ce cauchemar atroce,
Recommencer les mêmes gestes,
Tu vas voir ce que c'est de parler trop,
Coup de ceinture, fait ça et ça,
Obéit plus vite, que ça.
Je n'ose plus rien dire, je le fais.
Ça fait combien de temps qu'il est là ?
Pourquoi tout ça, pourquoi à moi ?
Quinze, vingt minutes,
Je ne sais pas, c'est comme une heure,
Après avoir fait tout ce qu'il demande,
Toujours sous les coups,
Il me pénètre, pencher sur le dossier de la chaise,
Bâillonner pour pas pouvoir crier,
J'ai mal, tout se déchire,
Il me tire les cheveux, la poitrine,
Donne des coups violent,
J'ai les larmes qui coulent,

Je dois subir ce que maman vit.
Ma vie de petite fille vient de se briser,
Je suis passée dans le monde adulte
Sans le demander, sans le vouloir.
J'ai honte d'être née.

Onze ans, plus rien à perdre,
Je me rebelle de plus en plus,
Ma façon de parler change,
Je fugue de l'école,
Je fume, je bois,
Je réponds à ma maman,
Mais elle ne comprend pas,
Un jour, une chance,
Je vais perdre quoi,
Plus rien, il m'a tout enlevé.
La joie de vivre, mon enfance,
Je ne suis plus rien, depuis que j'ai neuf ans,
Depuis que j'ai fait sa rencontre,
Maman est seule,
Je vais près d'elle,
Je lui dis sans réfléchir,
Il m'a violé, il m'a fait boire,
Toi tu n'as rien vu,

Deux ans que ça dure.
J'attends qu'elle me dise une réponse.
La seule chose que je reçois,
C'est une gifle et un mot,
Menteuse.
Je m'effondre en larmes,
Je lui jure que c'est vrai,
A chaque fois que tu n'es pas là.
Tu es chez tes amies, il le fait.
Deuxième gifle, Menteuse.
Elle ne me croit pas,
Je suis perdue, je m'attends au pire.
Il rentre, elle parle,
Il dit je mens.
Maman doit faire un choix,
Il ne veut pas vivre avec une menteuse,
Maman ne veut pas me placer,
Châtiment d''avoir menti,
Punition devenue régulière.
Un jeu pour lui, une horreur pour moi.
Inerte, vide d'esprit,
J'exécute sans un mot,
Les coups tombent quand je ne vais pas vite.
Si je faiblis, il s'acharne, me fait boire,

Pour lui double punition.
Comme il dit si bien.
Toujours violent, plus vite,
Plus dur, toujours plus douloureux.
Mais cette fois, maman est en bas,
Devant la télévision,
Elle n'entend rien,
Pour elle, il est dans son bain.
Pour moi, je souffre de martyre.

Mon temps
J'ai pris le temps de découvrir ma vie de bébé
Mais le temps passe vite et l'enfance est déjà là
J'ai appris avec le temps les règles à respecter
Quand, enfin, je les ai assimilés
Il était déjà temps de passer à autre chose
Mon enfance n'a duré qu'un petit temps.
Ce fut le moment de mon adolescence,
J'ai remarqué que le temps passait trop vite

Je cherchais désespérément des minutes en plus
Pour avoir plus de temps, pour mes loisirs
L'école ne m'en parler pas,
Ça me prend trop de temps et d'énergie
J'aime bien être à l'école,
Seulement pour passer du temps avec mes amis.
J'ai grandi et finit l'école,
Le temps pour moi de passer à l'âge adulte
Là, je me rends compte que j'ai perdu beaucoup de temps.

Ma haine
Ma haine ne peut se d'écrire
Aussi facilement que ça
Ma haine ne peut pas s'exprimer
Avec des mots compréhensibles
Pendant des années,
Tu m'as endormi.
Avec des paroles,
Avec des cadeaux,
Avec de fausses promesses.
Mais la haine que j'ai aujourd'hui

Jamais ne se guérira envers toi
Je sais que je n'ai pas le droit
D'avoir ce sentiment.
Je ne me venge pas.
Ce n'est pas une haine éternelle
Mais une haine avec une espérance
Cette espérance est simple
Mais si compliqué pour toi.
Compliqué car ta foi en Dieu
N'est pas aussi forte que la mienne.
La chose que je demande à Dieu
C'est qu'il fasse lui-même justice
Qu'il apaise ma haine
Car j'aimerai te souhaiter
Tout le mal que tu m'as fait.
Mais je ne peux pas.
Et je ne veux pas.
Ma haine, je ne vais pas la cultiver
Je vais remonter à la surface
Quand, je ne sais pas.
Tu ne seras pas la cause de ma chute.
Je ne te laisserai pas
Cette joie en toi grandir.
Oui, je te hais
Mais pour un moment.

Soit sûr de ça.
Un jour, je serai devant toi
Et je te dirai
Tu n'as pas réussi.
Adieu Monsieur.

Manipulateur complet.
Toi, qui m'a volé mon âme,
Toi, qui m'a sali au plus profond de moi,
Comment expliquer ta façon d'agir,
Comment expliquer le mal que j'ai ressenti,
Toi qui m'as éloigné de ma famille.
J'avais la chance de renouer les liens,
Avec mon frère et ma sœur,
Je réalise maintenant que ça ne t'arrangeait pas,
Tu as refusé avec un déguisement,
Que je ne devais pas les aider.
Moi, qui était si contente de les revoir,
Même mon frère qui avait besoin de se confier,
Tu ne nous as pas laissé tranquille une minute.
Il demandait de l'aide, je voulais l'aider.

Mais tu avais été clair là-dessus,
A ta façon bien sûr, mais tu m'as fait mal.
Tes paroles, tes gestes, ont parlé à ta place.
Ils avaient la voix menaçante,
J'ai compris que tu ne plaisantais pas,
Mais je n'ai jamais compris pourquoi,
La peur m'envahissait comme ça.
Pourquoi mon corps n'a plus su bouger,
Pourquoi mon cerveau ne m'a pas mis en alerte.
Pourquoi mon cœur n'a rien ressenti,
Qu'est-ce que tu m'as fait.
Je te déteste car tu avais pris le contrôle de ma vie.
Je te hais d'avoir joué avec mes sentiments.
Pour moi tu n'es qu'une ordure,
Un manipulateur sans remord
Mais qui me hante encore tellement
Un jour inchallah je t'oublierai

Mon changement inaperçu
Comment j'ai pu vivre,
Toutes ses années à tes côtés,

Sans rien voir, sans remarquer.
Même tes gestes menaçants,
Je ne les ai pas remarqués,
Tu as pris mon cerveau,
Pour en faire ce que tu voulais.
Tu as joué avec mon cœur,
Tu as écrasé ma force,
Quand tu élevais la voix,
Je n'osais pas te regarder,
Ça je m'en souviens,
Ton regard me fessait peur,
Mais je n'ai rien vu,
Rien senti, rien changé.
J'ai honte de moi,
Parce que je ne pensais pas,
Qu'un jour, un comme toi,
Puisse me manipuler,
Puisse profiter de moi.
Je me sens coupable,
De la faiblesse que j'ai eue.
Je voudrais me reconstruire,
Mais ton souvenir trop présent,
Malgré que tu es loin,
M'empêche d'avancer.
Mon vœu le plus cher,

Ce n'est pas de te dire tes 4 vérités,
Mais en plus de la punition de Dieu,
Je voudrais avoir la force de te regarder
Droit dans les yeux,
Te dire, plus jamais,
Tu ne me feras du mal.

Je ne trouve pas.
J'ai essayé de comprendre,
Où tout à basculer,
Mais je ne trouve pas.
Pourquoi tout allait bien,
Avant le mariage,
Qu'est-ce qui s'est passé après ?
Est-ce que j'ai fait une erreur ?
J'essaye de comprendre,
Mais je ne trouve pas.
J'ai mal de ne pas trouver.
Je dors plus, je mange plus.
Les mêmes phrases reviennent,
De jours comme de nuits.
Je refais mon histoire,
Des centaines de fois.
Je cherche les détails,
Je les analyse,

Mais je ne trouve pas.
J'en attrape mal à la tête,
Je veux comprendre,
Est-ce que c'est moi la fautive ?
Où je n'ai pas eu de chance.
Je n'en peux plus.
Trois ans sont déjà passé,
Les questions restent les mêmes.
Quand est ce que tout à basculer ?
Pourquoi m'a-t-il fait souffrir ?
Combien de temps encore,
Vais-je devoir vivre comme ça ?
Pourquoi être punie deux fois ?
Je veux juste des réponses,
Mais je ne les trouve pas.
Aidez-moi à comprendre.

Mon année d'angoisse
J'ai pu goûter la sensation,
La sensation d'être arrêtée,
J'ai senti ce que c'était
D'être privée de liberté,
Ce sentiment qui nous fait peur,
Je l'ai eu, j'ai voulu mourir,
Mourir si je perdais ma liberté,

Je ne savais pas à quoi m'attendre,
Je priais pour que ça n'arrive pas,
J'ai vécu un an dans une peur intense,
Je ne me souviens plus,
Combien de fois,
J'ai vraiment mangé,
Je ne me souviens plus,
Combien de fois,
J'ai pu dormir tranquillement,
Je me souviens de tous les soirs,
Où j'espérais dormir normalement,
Mais je n'ai pas su,
Cauchemars sur cauchemars,
Angoisses sur Angoisses,
Tous les jours la même chose,
Le même enfer, la même peur,
Vous pensez que la justice est bien,
Mais non, tout est mélangé,
La veille du verdict,
La peur au ventre,
J'avance à la barre des accusées.
Je veux mourir, pas envie d'entendre,
J'ai la haine envers ce pervers,
Qui m'a détruite à tout jamais,
Qu'est-ce qui m'attend,

D'avoir eu peur de partir,
Le verdict est tombé,
Je suis qu'un peu soulagée,
Je suis en sursis,
Pour une personne qui m'a manipulé,
Personne n'a voulu le voir,
C'est injuste, de ne pas être comprise,
C'est injuste de ne pas voir,
Ce que j'ai subie,
Mais je n'ai pas le choix,
Je dois accepter sans dire un mot.

Je ne veux plus
Vous pouvez croire que je vais bien,
Détrompez-vous, je ne suis qu'un être humain,
J'ai mes faiblesses, mes défauts,
J'ai mes blessures, mes tristesses,
Je ne veux simplement pas vous les montrer.
Je ne veux pas qu'on aille pitié de moi,
Je ne veux pas que l'on me plaigne.
Je voudrais juste que l'on me voit normalement.
Si vous voyez ma tristesse, mes blessures,

Vous ne comprendriez pas,
Si vous voyez mes défauts, ma faiblesse,
Vous les prendrez contre moi,
J'ai eu trop de coup dur,
De mauvaises expériences,
Je ne veux plus qu'on m'utilise,
Je ne veux plus qu'on abuse de moi.
Ça fait mal, trop mal
A chaque fois, c'est une épée en plein cœur,
Quand mes faiblesses sont utilisées,
Quand ce sont mes défauts,
Ce sont les reproches que j'ai,
Pourquoi, pourquoi moi,
Pourquoi me faire du mal gratuitement.
Plus rien vous ne verrez,
Plus rien vous ne saurez,
Même si je dois pleurer la nuit,
Jamais vous ne devinerez,
Le mal que j'ai subi dans ma vie.

Sans nom 1b – 12
Ma vie est un long fleuve agité
La remettre en place
Tout doucement

Ma foi, elle est en moi
Mon espérance
Disparaît avec le temps
Mon courage se meurt
À force d'avoir ses doutes
Le cœur a dur d'y croire
Les personnes auxquels
Je ne tenais le plus disparues
L'amour ça fait peur d'aimer
La vie future, j'ose plus y penser
Mon cœur s'endurcit
De toutes les sensations
Mon corps reste froid
Ma vie ne ressemble à plus rien

Je me sens salit
Je me sens mal
Je me sens salis
De tes trahisons
De tes mensonges
De ses relations forcées
Tu as réussi à me détruire
Au plus profond de mon âme
La haine que je ressens pour toi
Est aussi grand que l'océan

Chaque pas que j'ai fait
Est une blessure
Qui ne se guérit pas
Je veux hurler le mal
Que tu m'aies fait
Mais cette peur en moi
M'en empêche
Le seul sentiment que j'ai
C'est d'en finir
Finir avec toi
Avec cette douleur
Avec la vie aussi
Car l'espoir que j'avais
D'avoir une vie heureuse
Il ne t'a fallu que quelques années
Pour m'enlever mes rêves
Mes désirs,
Tu m'as démoli
Mentalement
C'est seulement
Maintenant que le sens
À tout jamais adieu

Déception
Trop de déceptions

Peu de bonheur
La rage dans le ventre
Ne pas pouvoir vivre
Ne pas pouvoir s'exprimer
Ne pas sentir l'amour
Ne pas bouger comme on le souhaite
Faire partie des meubles
Combien de femmes, se sentent comme ça
L'envie de crier
L'envie de se mutiler
Pour sentir qu'on est en vie
Tout ça on oublie
On tente d'être fort
Pas moyen on se rebelle
On nous rabaisse
Une peur en nous constante
Alors une seule attente
Attendre notre tour
Une lueur d'espoir
Une lumière en nous
On vous met des bâtons,
Un cercle infernal
Qui durent à cause de notre peur
Alors on désespère

La seule idée
C'est de patienter
Que notre heure arrive
Pour passer dans l'au-delà

Ma vie n'est rien
Drôle de titre
Mais tellement réel
Tout est flou en moi
Tant de question en moi
Je ne veux plus douter
Je ne veux plus hésiter
Pourtant je n'y arrive pas
Je n'arrive pas à avancer
Tellement la peur me ronge
Chaque pas égal une remise en question
Chaque geste égal un doute
Chaque parole égale un reproche
Comment ne pas avoir peur
Comment vivre librement
Ma vie ne ressemble à rien
Mettre mon masque le matin
Pour montrer que tout va bien
L'enlever le soir et pleurer
Pleurer toutes ses larmes retenues

Durant la journée
Se faire du mal intérieurement
Pour pouvoir avancer
Toutes mes forces se perdent
Chaque jour un peu plus
Toutes les nuits à penser
La fatigue s'installe
Se rendre malade
À ne plus dormir
Malgré le soutien
J'y arrive plus
J'en peux plus
Je me lasse de cette routine qui me ronge
Savoir que d'autres sont dans ce cas là
Me fais encore plus de mal
Juste une envie vient en moi
Crier à l'injustice pour tous.

J'ai compris trop tard.
J'ai toujours été vrai
J'ai toujours été sincère,
J'ai toujours voulu,
Une famille unie et heureuse.
Peut-être que je demandais trop,
Peut-être que j'en ai fait de trop.

Je voulais voir ceux que j'aime heureux.
Est-ce que c'était mal de ma part ?
Tellement de dispute,
Je voulais qu'il se soigne,
Lui a pris ça, comme excuse,
Une excuse pour me retenir,
Jouer avec sa maladie,
Pour se faire plaindre,
Pour que l'on s'occupe de lui,
Mais je l'ai compris trop tard.
J'ai compris que les enfants,
Ils les avaient faits juste pour moi.
Une raison pour que je reste à la maison,
Loin de tout le monde,
Plus de temps pour moi,
Mais quand il a vu,
Que les enfants comptaient plus que lui.
Il n'a pas aimé, il me l'a fait comprendre.
J'ai compris trop tard malheureusement.
Je lui ai dit, je ne suis pas ta mère,
Je vis pour mes enfants,
Ils ont besoin de moi.
Là, il y a eu plus de dispute.
Des nuits de calvaires,
Même des jours entiers sans arrêt.

Pour qu'il obtienne ce qu'il veut.
Il voulait que je me sente coupable,
Il voulait que je lui demande pardon.
Jusqu'à me voler mon corps de force.
Encore trop tard que j'ai compris.
Il n'a jamais eu de regrets,
J'ai des regrets,
Mais pas pour lui,
Juste le fait que j'ai compris trop tard.

Je voulais fuir.
Je voulais fuir,
Le plus loin possible,
Mes principes m'en empêchaient,
Je me disais, que je devais subir,
Je ne pouvais pas faire souffrir mes enfants.
J'étais adulte, je pouvais supporter.
Je voulais fuir,
Mais pour aller où,
Sans famille, sans ami(e)s.
La peur de l'inconnu,
Des promesses dites,
Sous formes de menaces,
Pris en otages avec les enfants.

Je ne voulais pas leur faire du mal.
Il me disait, si tu pars,
Je te retrouverai et tu le paieras.
On t'enlèvera les enfants.
Pourtant, je voulais fuir.
Aucune solution en vue.
La douleur grandissante,
La peur de bouger.
Peur de perdre mes enfants.
J'ai plus osé parler,
Je n'osais plus sortir.
Je ne voulais plus rien.
Sauf fuir, partir
Mais je n'ai pas osé.
Je pensais que les enfants
Devaient vivre avec les deux parents.
Même si je souffrais.
Mes principes m'ont fait défaut.
Je pensais juste,
Je me suis trompée.
J'en suis désolé.
En espérant qu'un jour,
Mes enfants me pardonnent.
Car je les aime, plus que ma vie.

Je voudrais partir
Je voudrais partir
Assez loin pour ne plus te voir
Assez loin pour ne plus t'entendre
Assez loin pour oublier
Surtout oublier
La souffrance que tu m'as faite
Tu ne vis que pour toi
Toutes ses années
À me taire
Que j'en ai attrapé
Un cœur de pierre
Que tu ne me briseras plus jamais
Mes larmes
Tu en as fait des torrents
Je voudrais partir
Trop loin pour que tu me retrouves
Cet endroit
Jamais tu ne le trouveras
Jamais tu ne l'imagineras
Tu pourras chercher n'importe où
Tu ne me trouveras pas
Tu souffriras
Comme moi j'ai souffert
Tu pleureras

Comme moi, j'ai pleuré
Il est trop tard
Pas de retour en arrière
Je ne souffrirai plus
Car je serai partie
Partie à tout jamais

Ma souffrance
Ma vie, ma souffrance intérieure
Qui peut me dire pourquoi
Ma vie se résume en 3 mots
Ma souffrance intérieure
Une souffrance que personne ne voit
Une souffrance que personne ne ressent
Une souffrance inexpliquée
Une souffrance que je n'imaginais pas
Ma souffrance intérieure
Est si dur à porter, à gérer,
C'est à peine si je peux encore avancer
Car chaque pas que je fais
Me fais souvenir d'un mal que j'ai eu
Un autre pas et une nouvelle souffrance vient
Le degré de ma souffrance est différent à chaque fois

Un jour j'arrive à l'exprimer
Un jour c'est impossible de la dire
Expliquer ma souffrance
Même si j'y arriverai
Je ne pense pas qu'on pourrait la comprendre
Cette souffrance en moi me déchire le cœur,
Cette souffrance m'abîme mon intérieure
Elle me fait monter l'angoisse
Que j'essaye de cacher
J'arrive plus à la retenir
Dois-je la laisser sortir
Au risque de mourir
Ma souffrance me tuera
De toute façon à petit feu
De n'importe quelle manière
Sans l'avoir demandé à personne

Je me sens mal
Je me sens salit
De tes trahisons
De tes mensonges
De ses relations forcées
Tu as réussi à me détruire

Au plus profond de mon âme
La haine que je ressens pour toi
Est aussi grand que l'océan
Chaque pas que j'ai fait
Est une blessure
Qui ne se guérit pas
Je veux hurler le mal
Que tu m'aies fait,
Mais cette peur en moi
M'en empêche
Le seul sentiment que j'ai
C'est d'en finir
Finir avec toi
Avec cette douleur
Avec la vie
Car l'espoir que j'avais
D'avoir une vie heureuse
Il ne t'a fallu que quelques années
Pour m'enlever mes rêves
Mes désirs
Tu m'as démoli
Mentalement
C'est seulement
Maintenant que je le sens
À tout jamais adieu

Les coups durs,
Chaque personne a ses coups durs,
A sa façon, à sa manière,
Une partie va pouvoir les surmonter,
Mais moi je ne suis pas de ses personnes.
Après 3 ans de combat,
J'ai usé mes batteries,
Elle ne se recharge plus.
Quand elle arrive à se charger,
Elle va trop lentement.
Elle n'est pas prête pour affronter,
Le prochain coup dur.
Il suffit d'un détail,
Un petit coup dur,
Pour une personne normale,
Pour que je m'effondre,
Pour que je tombe au plus bas.
Comment rebondir,
Ma seule façon en ce moment,
C'est de me faire violence,
Une violence interne,
Qui prend toute mon énergie,
Où il me faudra une semaine,
Pour m'en remettre.

J'en peux plus, je suis à bout,
Je n'ai pas la baguette magique,
Je ne peux que compter sur l'aide
De Dieu, celui qui m'a sauvé,
Sauvé d'une mort certaine,
Que je voulais temps il y a trois ans.
Depuis mes coups durs,
Sont insupportable, horrible.
Je ne sais pas si j'en survivrai dans le futur.

Sans nom4
Quand je sens la solitude arriver
Je commence à paniquer
J'essaie de me rassurer
Mais les idées noires en sortent vainqueurs
Je commence à avoir une boule au ventre
Ma gorge se ressert
Je ne veux pas pleurer
Je veux rester forte
Pas moyen, une première larme,
La deuxième arrive, la troisième aussi
J'allume une cigarette pour tenter de les arrêter

Non mes larmes gagnent du terrain
Je n'arrive pas à les maîtriser
Je panique encore plus
J'ai du mal à respirer
J'ai un tas de questions dans ma tête
Pourquoi suis-je comme ça ?
Pourquoi est-ce que ça m'arrive ?
Je me rends compte que je n'ai pas d'autres choix.
En espérant simplement, que ça s'arrête vite
Pour que la douleur me quitte.

Guérir de son passé.
Comment,
Quand on vous redit toujours la même chose.
Pourquoi,
N'essaye-t-il pas de comprendre.
Quoi,
Que ce qu'il s'est passé faut remonter loin.
Quand,
Que tout ça à commencer.

Par qui,
Voir quelle personne à créer cette situation.
Essayez de remonter,
Essayer de guérir,
Ce n'est pas possible,
En entendant toujours le même discours
Sans qu'ils comprennent tout,
C'est facile de pointer du doigt
Toujours la même personne.
Mais est-elle réellement fautive.
Elle ne voudrait qu'une chose,
Qu'on n'oublie pas ce qu'elle a subi.
Elle veut avancer, guérir,
C'est tout ce qu'elle demande.
Mais on ne lui en donne pas la chance.
Elle se bat, encore et encore,
Pour se faire entendre,
Mais un jour, elle finira par abandonner.
Tout laisser tomber,
Là, il sera trop tard,
Vous vous direz
Nous aurions dû l'écouter
Surtout, l'aider
A guérir de son passé.

RETOUR À ZÉRO.
Je replonge dans le néant des tourments.
J'ai peur, les idées noires me hantent.
L'envie de vivre disparaît peu à peu.
Je voudrais tellement retrouver ce goût de vivre.
J'ai l'impression que ce n'est pas permis pour moi.
Je perds l'envie d'écrire dans ma solitude.
J'ai peur de la nuit même si je dors.
Le silence me terrifie, les cauchemars sont là.
Les journées sont trop longues, malgré mes occupations.
J'ai peur, je ne vis plus.
L'angoisse monte de plus en plus.
Quand j'écris ce sont juste des moments de tristesses.
J'ai peur de ne plus écrire sur l'amour.
Malgré qu'il soit là près de moi.
J'écris la mort, pourquoi je ne sais pas.
Je suis à bout de ses idées en trop dans ma tête.
Elles ne doivent pas, mais elles sont

collées.
J'ai peur de perdre la tête, de devenir folle.
Je souffre, ça fait trop mal.
Je vois la corde pour remonter.
Je n'arrive pas à l'attraper.
J'ai peur de ne pas savoir refaire surface.
Je prie, je pense aux bons moments avec l'homme que j'aime.
Mais ça ne suffit pas, il me faut plus.
Je n'ai pas le tremplin pour rebondir sur la route.
J'ai peur de perdre ce peu de bonheur qui me tient en vie.
Ma vie est faite de zigzag, malgré tous les bons moments que j'ai.
Un jour peut-être je ne sais pas.
Je connaîtrai le bonheur à long terme.
Je dis simplement inchallah.
J'attends avec patience soit une route de couleur ou soit une triste fin.
Je ne sais pas ce que Dieu me réserve.
Mais la mort ne me fait plus peur...

Je ne voulais pas grand-chose

Je ne cherchais rien de spécial
Je ne voulais pas de miracle
Mais personne n'a compris
Personne n'a entendu
Personne n'a vu.
Je n'ai rien trouvé,
J'avais besoin d'un petit espoir,
Qui s'est perdu dans le vent,
J'espère le retrouver,
Mais personne n'a entendu,
Mon appel, mon cri de secours.
Malgré qu'une larme est tombé,
Malgré ma gorge serrée,
Personne n'a entendu,
Personne n'a vu.
La détresse que j'avais dans mon cœur.
Je ne cherchais rien de spécial,
J'espérais simplement,
Une petite compréhension,
Une attention si petite,
Mais personne n'a vu.
Je ne voulais pas grand-chose,
Juste un petit espoir,
Mais qui s'est envolé à tout jamais.

Le sens de ma vie
J'en perd le contrôle
Le contrôle de ma vie
Où j'en suis, pourquoi je vis ?
Je vis dans un monde irréel
Je sais que ce n'est pas ma place
Mais je n'y peux rien
Il n'y a que là que je suis bien.
Où je ne vis personne ne peut m'atteindre
Personne ne peut me faire mal
Je vis dans l'ombre
Mais je connais du monde
Les gens me savent discrète
Leur respect
Me va droit au cœur
Personne ne parle de moi
Mon choix de vie solitaire
Solitaire comme un vieux loup
Qui s'éloigne doucement
Pour mourir dans le silence de la nuit
À la lueur de la pleine lune
Voilà mon monde irréel
Le chemin que j'emprunte.

Je ne suis pas la femme que tu crois.
Je suis une femme brisée,
Meurtri dans les déceptions.
Je ne veux pas te montrer,
A quel point, c'est une collection.
De chute libre au fond du gouffre.
Je suis une femme fatiguée,
De remonter cette échelle.
Je suis une femme souffrante,
A force de recoller les morceaux.
Mon cœur ne sait plus suivre.
Ma tête est dépressive.
Mon corps est en survie.
Ce que je montre au grand jour,
Ce ne sont que des détails.
Des petites tristesses vite oubliées.
Le plus lourd de ma peine,
Un jour, tu le découvriras.
Pour toi, ça ne sera rien.
Pour moi, c'est l'enfer.
Tu me demanderas pourquoi.
Car chaque jour, je lutte.
Je lutte contre l'envie,
L'envie de boire et de mourir.
Sans Dieu à mes côtés.

Tu ne m'aurais pas connu.
Lui seul me garde en vie.

Ma solitude
Ma solitude
C'est une habitude
Dans une éternelle incertitude
C'est un isolement
Un emprisonnement
C'est un environnement
Souvent trop frissonnant
D'où naît les idées noires
Sans rien vouloir
De ma douce mémoire
Débordant de déboire
Que je ne sais prévoir.
Me battre avec mes angoisses
Qui m'enlace, qui m'embrasse,
Qui m'entasse.
Dans une lourde dépression,
Où tout n'est que déception.
Ma solitude est ma forteresse
Où apparaît un cri de détresse.
Avec beaucoup de maladresse
Ou ma stupidité, ma timidité.

Je ne vois aucune possibilité,
De tranquillité.

J'ai mal partout
J'ai mal partout,
Mais je m'en fou
Seul à bord,
J'ai du mal à passer l'orage
Surtout depuis que l'espoir,
N'est plus du voyage
Pourtant, j'ai des souvenirs
Je suis dans un sale état
Tous les jours ça empire
Dans ce costume de paria
Je suis mal à l'aise
C'est peu de le dire
Des cœurs purs
Qui voulaient me chérir
La trahison
C'est ce qu'il y a de pire
Cette traversée
Est en train de me crever
Perdu dans cette immensité
J'ai bâti ma propre cage
Si loin de toi,

Tout est si triste en moi
Et puis avec le temps,
On n'a plus de foi en soi
Ça fait tellement mal,
Jusque dans les entrailles
Cette mélancolie m'a mis sur la paille
Je pensais être prête
Pour toutes les batailles
Le spleen a englouti mon énergie
Il est présent à chaque heure
De ma vie.
Que ce soit le jour ou la nuit
Il ne me laisse aucun répit
Toute résistance reste vaine
Il sent bien que j'ai
Le cœur en peine.

Trop fragile...
Je suis trop fragile, trop sensible.
C'est mon défaut.
On voudrait me voir forte,
Mais je n'y arrive pas.
Je n'arrive pas à garder mes sentiments pour moi.
Surtout quand j'aime une personne.

Je suis trop fragile,
Est-ce que c'est mal ?
Je ne pense pas, j'ai trop souffert.
Je ne sais plus me reconstruire.
Ce n'est pas mon cœur qui est brisé,
Mais ma force qui était en moi.
Oui la peur est là aussi.
Cette envie de mourir pour ne plus souffrir.
Ce démon de la mort que je dois combattre.
Tous les jours, en silence.
Pour qu'il ne puisse pas gagner.
Je suis trop sensible aux paroles,
Oui mais je n'y peux rien.
C'est ma nature malheureusement.
J'ai les larmes qui coulent facilement.
Mais la vie ne m'a pas aidée.
Ce n'est pas gai une vie pareille.
C'est fatiguant de se montrer bien
Pour que personne ne voit rien.
Je suis trop faible et trop sensible.
Pardonnez-moi si je suis comme ça.
Ma vie est ainsi faite et pourtant
Moi-même j'ai dur de m'accepter.

Ce n'est pas facile et c'est dur.
D'être trop sensible et trop fragile.

Une femme,
Une femme,
Prends-la en douceur,
Essaye de la comprendre,
Prend la dans tes bras,
Ne lui fait pas de mal,
Elle ne le mérite pas,
Une femme,
C'est tout une histoire,
Toi, qui est plus jeune,
Tu dois encore apprendre.
Une femme qui a souffert,
C'est fragile et sensible,
Une femme solitaire,
Ne veut que le bonheur,
Une femme sincère,
Qui aime son homme,
Fera tout pour lui,
Une femme honnête,
Ne sait pas cacher les choses,
Une femme forte,
A ses larmes pour se renforcer,

Alors toi, qui aime cette femme,
Elle peut être la douceur d'une maman,
Ne la rend pas triste,
Fais lui confiance,
Confie-toi à elle,
Tu seras le plus heureux des hommes.

Sans nom1j – 20
Je suis comme une rose
Avec le temps
Mon cœur s'endurcit
Comme ses tiges
Pour me protéger
Je montre les dents
Comme les épines de la rose
J'enfouis mes rêves
Au plus profond de moi
Je ne veux plus y penser
Je ne veux plus avancer
Je suis tellement déçue de la vie
Tout ce que j'ai essayer
On m'a mis des bâtons dans les roues.

Sentiments interne
Prendre conscience de plein de choses.

Accepter le mal être qui nous ronge.
Vouloir s'en sortir, mais comment ?
Mes forces ne sont plus là,
Mon énergie a disparu,
Mais la volonté est là.
Pas savoir la mettre en route,
Se concentrer pour la sortir,
Se faire violence en soi,
Pour avancer mieux,
Se faire violence,
Pour accepter l'injustice,
Rester assis seule dans un coin,
Refaire son histoire tout le temps.
Mais toujours le même résultat.
L'envie d'une vie meilleure,
L'envie de tranquillité,
L'envie d'un peu de bonheur,
Mais je ne le trouve pas.
Je n'y arrive pas du tout.
Pleurer, ne plus manger,
Ne plus dormir convenablement.
Cauchemars présents,
Que ce soit en dormant ou réveiller.
Voilà à quoi ma vie se résume.
Je n'en peux plus,

L'abandon est proche.
Aidez-moi svp....

La peur
J'arrive,
La peur au ventre.
Pas envie de parler du passé.
Qu'est-ce qui m'attend ?
Je me sens mal.
J'ai envie de vomir.
L'angoisse monte de plus en plus.
Un sentiment de dégoût m'envahit.
Pourquoi ça a dû m'arriver ?
Pourquoi tous ses malheurs ?
Combien de temps ça va durer ?
Comment faire pour retrouver ma sérénité ?
M'aideront-ils ?
Où vont-ils m'enfoncer ?
Je vis dans un cauchemar.
Malheureusement bien réveillé.
Je ne peux pas m'enfuir.
J'ai mal à la tête.
Cette horrible sensation,
Qu'on me l'écrase,

Entre deux étaux.
La gorge serrée,
Je suis obligée de répondre,
De retenir mes larmes.
Je ne peux faire confiance à personne.
Sauf à Dieu.
Lui seul sait ma destinée.

Mes émotions
Le ciel pleure,
Comme les larmes de mes yeux,
Le vent souffle,
Comme les idées qui traversent mon esprit.
Le tonnerre gronde,
Comme la colère que je retiens au fond de moi.
La tornade tourne,
Comme le diable qui hante ma tête.
Les éclairs illuminent,
Comme les rares moments de joie que l'on me donne.
Le ciel bleu apparaît,
Comme quand je vois mon bien aimé.
L'arc-en-ciel se montre,

Quand je suis en compagnie de mes enfants.
La nuit apparaît,
Les idées noires surviennent,
Sur un simple détail.
Il ne pleut pas mais mes larmes coulent.
Les idées reviennent mais il n'y a pas de vent.
La colère arrive mais le tonnerre dort.
Le diable essaye de me détourner mais la tornade n'est plus là.
La joie disparaît, la tristesse s'installe.
Les nuages apparaît mon bien aimé s'en est allé.
L'arc-en-ciel est parti se reposer pour une courte période.
Je devrais encore patienter et continuer à lutter,
Pendant un long moment contre toutes les angoisses de la nuit.

Pardonnez-moi,
Pardonnez-moi d'être entré dans vos vies,
Pardonnez-moi de ne pas être parfaite,

Pardonnez-moi, de mes humeurs changeantes,
Pardonnez-moi, j'ai essayé de toutes mes forces,
Pardonnez-moi, de vous avoir déranger,
Pardonnez-moi, de vous avoir ennuyés.
Pardonnez-moi de toutes ses larmes versées,
Pardonnez-moi si je vous ai fait du mal.
Pardonnez-moi de ne pas avoir réussi,
Je ne voulais pas tout ça,
J'ai fait du mieux que j'ai pu,
J'ai essayé de penser positif, pour aller mieux,
Je ne voulais pas grand-chose,
Juste pouvoir avoir la force de remonter,
Juste pouvoir être comprise,
Je voulais juste une autre chance,
Je ne voulais pas tout ça,
Je n'ai pas décidé de mon destin,
On me l'a imposé de force,
Je dois me débrouiller avec,
J'ai été jusqu'aux bouts de l'espérance,
Mais ça n'a pas marché,
Pardonnez-moi svp

Seule

Seules quelques larmes brillent sur mes joues
Seule la douleur a suffi à m'enlever tout goût
J'ai perdu le goût de l'amour, de la plénitude
Seuls restent des souvenirs aux couleurs d'amertume
La peine et la désillusion coulent sur moi
M'étouffe, me font oublier tout ce qui est en émoi
Mon monde était rempli de fleurs, de lumières
Tant que je te savais près de moi
Maintenant que tu n'es plus là
Mon monde n'est plus que vide comme un cimetière
Je cour sur les galets pour oublier ton absence
J'en oublie même que mes pieds nus sont en sang
Aucun regret car on ne sait jamais où nous allons

Juste une injustice de vivre ce genre de mal
Je n'ai pas compris ce qu'il t'arrivait
Je souffre plus que je ne crains
Car la crainte
C'est une peur
Une peur que nous arrivions
À la maîtriser
Tandis que la souffrance
Reste à tout jamais graver dans notre cœur.

Aller sur la lune (1)
J'irai sur la lune
Le jour où je trouverai mon bonheur,
Qu'est-ce que le bonheur ?
Le bonheur, pour moi
C'est de connaître ma moitié
Qui restera la même
Pendant tout notre vie ensemble
Une moitié qui ne change pas
De façon d'agir ou de parler
Qui n'oublie pas
Ce que sa moitié a besoin dans sa vie
Cette moitié doit comprendre l'autre

Elle doit accepter de l'écouter
De lui laisser de la liberté
Des moments de solitudes
Pas seulement parler de soi-même
Il faut que cette moitié donne de la tendresse
De la douceur, de l'amour, des mots doux
De temps en temps
Non pas seulement
Au début de leur rencontre
Que ce soit un homme ou une femme,
Nous avons tous besoin d'amour et de tendresse
Nous avons tous besoin de compréhension, d'attention
Sans étouffer l'autre
Le bonheur, c'est comme ça que je le concevais
Je pensais l'avoir trouvé
Mais malheureusement, ma moitié a changé
Ça a cassé une partie de mon cœur
Malgré les cadeaux, les promenades que j'ai
Ça ne suffit pas, j'ai un manque en moi

Un manque de tendresse, de mots doux
D'écoute, de dialogues, de douceur
Je sais que je n'irai jamais sur la lune
Car ma vie dans ce bas monde
M'a déjà fait comprendre beaucoup de chose
Elle m'a fait passer tellement d'épreuves
De belle et de moins belles
Si je devais les décrire
Je me demande si j'aurai assez de place
Si j'aurai la force de l'écrire,
Combien de larmes vais-je verser tout en l'écrivant ?
Puis-je un jour, trouver la moitié qu'il me manque
Je ne veux pas qu'il soit parfait,
Simplement, un peu plus attentionné
Attentif à quelques besoins que j'espère tant.
J'aimerai trouver une moitié qui ne changera pas.
Là, je pourrais dire, j'irai sur la lune
Mais je ne voudrais pas y aller toute seule
Je voudrais y aller avec ma moitié
Celui qui m'accompagnera

Jusqu'à la fin de mes jours
Jusqu'à mon dernier souffle
Peut-être qu'un jour, je te trouverai
Mais en attendant,
Où que tu sois je t'attendrai.

Sans toi
Sans toi, la ville s'endort doucement
Sans toi, les arbres oublient le vent
Sans toi, la Garonne s'efface lentement
Sans toi, la nuit rappelle ses amants
Sans toi, ma musique manque de paroles
Sans toi, mes heures sont des jours
Sans toi, mon cœur s'invente une idole
Sans toi, mes pas sont devenus trop lourds
Sans toi, le soleil se couche autrement
Sans toi, je ne distingue pas l'horizon
Sans toi, la brume cache l'océan
Sans toi, le temps oublie ses raisons
Sans toi, j'ai peur du lendemain
Sans toi, les parfums sont différents
Sans toi, je ne sais plus tendre la main
Sans toi, difficile de dire que c'était avant.

Toi, le corbeau
Créature des ténèbres, dit-on
Avec ton plumage noir-bleuté.
On dit que tu es l'oiseau des sorcières.
Alors s'il te plaît, rend moi un service.
Vole à ta maîtresse une feuille.
Tu ne sais pas n'importe quelle feuille.
Je voudrais que cette feuille vienne de son livre des potions.
Je voudrais la recette du bonheur quotidien.
Qui enlèverai ma tristesse, mes larmes.
Mais ce n'est pas tout s'il te plaît.
Je voudrais aussi celle qui va m'enlever l'envie de mourir.
Je te demande peut-être beaucoup.
Mais c'est tellement important pour moi.
La dernière feuille que je te demande.
C'est de voler la feuille de l'amour.
Car je suis en train de le perdre tout doucement.
Mais ça ne sera pas simplement pour moi.
Je l'utiliserai aussi pour ceux qui en ont besoin.

Toi, le corbeau s'il te plaît fait le.
Avant que je ne meure de souffrance et de tristesse.
Je n'en peux plus d'avoir le cœur brisé, des larmes qui coulent.
Et de voir toute cette haine dans le monde.
S'il te plaît, ça devient urgent.
Je t'attends avec patience mais dans la douleur dont la vie ne m'épargne pas.
Merci Monsieur le corbeau.

Le mal de toi
Mon amour, je te sens loin de moi
Tout nous est incompris pourquoi ?
Hier encore nous étions soudés
Et maintenant on s'est éloigné
Tout était si beau, si parfait
On croyait enfin à l'amour vrai
Tout a changé, tout a basculé
On a commencé à hésiter
L'amour est plus qu'un mot
Qui entre nous, sonne faux
Ta main prend la mienne
Mais ce n'est plus la même

On a mis un masque pour...
Continuer le jeu de l'amour
Mais le hasard s'en mêle
Je me perds dans ton visage
Trop de noir sur notre page
J'étais fragile et tu étais là
Tu me réconfortais entre tes bras
Nous sommes les acteurs abusés
D'une pièce ou tout se défait
Tu me regardais longtemps
D'un regard attendrissant
On parlait beaucoup de nos vies
De nos projets, de nos envies
Même quand les gens s'aiment
Il y a toujours des problèmes
J'ai peine à penser ça
Mais j'ai le mal de toi
Ma vie sans toi
N'as plus de sens
Elle n'est plus que tourment.

Désespoir.
Marre de la nuit
Marre du jour
Tout le monde

Pensent plus la nuit
Je le sais
Je ne suis pas la seule
Ça me ronge tellement
Je voudrais le retrouver
L'avoir auprès de moi
L'avoir à mes côtés
Quand va-t-il comprendre
Que mon cœur lui appartient
Que je lui offre ma vie
Je voudrais qu'il réalise
À quel point je l'aime
Trop de chansons
Trop de paroles dites
Pas de rêves réalisés
Une parole tenue
Pour moi
Je vais bousiller ma vie
Pour un manque de toi
Je me torture je sais
Je sais que c'est dangereux
Mais c'est mon cœur qui parle
Mon cœur qui t'aime

Je veux écrire

Je veux écrire
Je n'ai pas d'inspiration
Je veux écrire
Tout est désolation
Je veux écrire
J'ai peur de mes mots
Je veux écrire
J'ai peur de mes maux.
Je veux écrire
Mes idées sont noires
Je veux écrire
Même ma mémoire
Je veux écrire
Ça ne serait que ténèbres
Je veux écrire
Je n'ai plus aucun rêve
Je veux écrire
Ma vie n'est rien
Je veux écrire
Comment faire
Je veux écrire
Pour changer ça
Je veux écrire
Sur l'amour et la vie
Je veux écrire

Les conflits internes
Je veux écrire
Le mal de vivre
Je veux écrire
Le bonheur d'un instant
Je veux écrire
Tout simplement
Je veux écrire
Le temps d'un moment
Je veux écrire
Ce que les autres ne disent pas

Allongée dans le pré
Allongée dans le pré, à regarder les étoiles.
Je me pris à m'interroger sur mes sentiments,
En voyant ses étoiles briller dans le ciel,
Je t'ai vu, toi mon étoile de bonheur.
Je me suis posée la question,
Qui pourra vraiment me comprendre.
Maintenant que tu n'es plus là.
Où es-tu ?
Penses-tu encore un peu à moi ?
Est-ce qu'il ose venir me parler ?

Où je dois faire le premier pas ?
J'aimerai tellement savoir
La nuit, je n'arrête pas de penser à toi,
Mon étoile de bonheur,
A espérer un mot, juste un bonjour,
Je sens le souffle de ses mots à côté de moi,
Ça devient dur, je meurs à petit feu.
Si seulement, il me disait laisse-moi.
Encore un peu de temps.
Avant que je revienne,
Alors je me serai battue,
Pour une chose importante,
Dans le cœur d'un être humain,
L'amour que j'ai pour lui.

Sans nom9
J'étais sur un nuage, je pleurais
J'étais seule et personne ne m'aimais
Je parlais aux oiseaux qui passaient
Mais ils ne s'arrêtaient jamais
Un jour, je t'ai découvert
Toi et tes beaux yeux
L'amour que je ressens
Dans mon cœur est si grand

Que personne ne le comprend
Même le prince charmant

Sans nom7
Amour de mon cœur
Amour de mes rêves
Je t'ai rencontré
Par un soir d'été
Tu voulais simplement boire un verre
Tu as choisi mon univers
Dans un endroit tamisé
Tu m'as regardé
Nos yeux se sont croisés
Tu m'as appelé
Amour de mon cœur
Tu m'as offert une fleur
Amour de mes rêves
Tu m'as offert un autre univers
Un univers haut en couleurs
Et plein de bonheur
Mon amour de toujours
Où tout simplement d'un jour
Tu resteras gravé
À jamais dans mes pensées.

Où es-tu ?
Dis-moi ce que tu deviens ?
Mon cœur est vide sans toi
Je me meurs à petit feu
Tu sais que tu me manques
Mais tu restes invisible
Ta voix résonne en moi
Ta photo est gravée dans ma tête
Tes mots sont dans mon cœur
Où es-tu ?
Est-ce que tu vas bien ?
Es-tu heureux ?
Rassure mon cœur
Rassure ma tête
Qui ne cesse de penser à toi
On c'était dit qu'on arrêtera
Jamais de parler
Pourtant le silence est là
Juste les souvenirs,
Les photos et les conversations
Qui me réconforte
Sans ça, je me laisserais partir
Tu es la faiblesse de mes nuits
Mes enfants sont ma force du jour
Pourquoi je n'arrive pas à t'oublier

La musique me donne du courage
Pour avancer sans plus
C'est de toi que j'ai besoin
Maintenant et à jamais
Chaque jour mon cœur saigne
Ma fissure s'agrandit
J'ai mal, j'ai les yeux gonflés
De ses nuits à ne pas savoir dormir
En espérant un signe
Car je n'ai plus que ça
De vivre dans un rêve
Tant tu me manques
Je t'aime

Sans nom8
Encore une nuit qui passe
Mon cœur reste lasse
Je suis loin de tes bras
Loin de ton cœur
Je ne sais pas si je pourrais
Encore tenir longtemps sans toi
Où es-tu ?
Qui es-tu ?
Toi le bel inconnu
Qui hante mes rêves

Où es-tu ?
Que fais-tu ?
Reviens moi en vrai
Dis-moi qui tu es ?
Amour de mes rêves
Je t'ouvrirai mon cœur
Je retrouverai mon bonheur perdu
À toi mon bel inconnu.

Mon étoile de bonheur
Ça fait déjà un moment
Que tu es parti
De mes jours et de mes nuits
Ce silence est atroce
À devenir insoutenable
Les cicatrices de mon cœur
N'arrive pas à se refermer
J'ai beau m'occuper l'esprit
Mais rien n'y fait
Tu y reviens au galop
Comme des chevaux sauvages
Je sais ça me détruis à petit feu
Mais que veux-tu ?
Les sentiments ne se commandent pas
Je laisse simplement parler mon cœur

Je voudrais revivre
Ses moments magiques avec toi
Je voudrais t'entendre dire
Encore et encore des je t'aime
Je voudrais arrêter de pleurer tous les soirs
Mais c'est mon cœur qui parle
Je voudrais être dans tes bras
Pour sentir ta chaleur
Toi, penses-tu encore à nos tendres caresses ?
Tant désirer ou as-tu oublier ce désir ?
Les mots doux que je te disais
Les as-tu laisser partir de ton cœur ?
L'image de mon visage ?
Reste-t-il indifférent à tes yeux ?
Je n'ai rien oublié de tout ça
Tous les soirs dans le silence de la nuit j'y pense
Aucun bruit ne vient me détourner de mes pensées.
Avec une musique douce
Je contemple tes photos
J'en fait des montages
Il ne me reste que plus que ça de toi

J'aimerai te les montrer
Mais un espoir qui reste sans réponse
Je regarde souvent tes yeux noirs
Couleur de la nuit,
Signe de silence, tranquillité,
De rêver, de voler
D'aller rejoindre les étoiles
Mais une en particulier
C'est toi mon étoile de bonheur
À tout jamais.

Sans nom3
Aide-moi à comprendre
Pourquoi je n'ose pas te parler
Tu n'es qu'un être humain
Et pourtant je n'ose pas
Tant de chose nous sépare
Tellement peuvent, nous rapprocher
Mais mon cœur crie au secours
Dis-moi serais-tu content ou pas ?
Que nous puissions parler pendant des heures
Mon cœur se fane chaque jour de plus en plus
Jusqu'où pourra-t-il tenir le coup ?

Pendant combien de temps encore
Avant qu'il ne se meure d'amour pour toi
à tout jamais
Laisse-moi un signe, une phrase
Ou simplement viens me le dire
Je me suis trop renfermée
Après tant de déceptions
Que je n'ai plus la force
De faire le premier pas
Plus envie de souffrir, plus envie de pleurer
Mon cœur t'appartient, ton nom y est gravé
À tout jamais jusqu'à mon dernier battement
Je t'aime mais je n'ose pas te l'avouer

Lumière éteinte
Tu as éteint en moi la lueur d'espoir qui restait
Bien que tu tentes de la raviver
Plus jamais, non jamais elle ne pourra briller
Petite lumière où es-tu dont passée ?
T'ai-je perdu ou simplement égaré ?

Qui est la voleuse qui me l'a dérobée ?
Ma lumière est partie avec toi mon bien aimé
A ton profit à mon détriment elle m'a laissée tomber
Mais à présent qui va m'éclairer ?
Les étoiles ? La lune ? Le soleil doré ?
Bien qu'il éclaire la terre dans son immensité
Mon espérance par elle ne peut être rallumé
Oh ciel qu'ai-je dont fait ?
Est-ce pour me punir ou pour me protéger ?
Est-ce par erreur ou l'ai-je mérité ?
Il est trop tard à présent ce qui est fait est fait
Ma raison de vivre pour moi s'est envolée
Et bien que je ne cesse jamais de la chercher
Redeviens comme avant et je la retrouverai
Peut-être, tout dépendra de tes paroles,
Qui sait ça me prouvera que ton amour
Est sincère comme il l'était au début.

Juste un mot
Juste un mot,
Ce soir, je me suis couché triste
Ce soir, j'avais besoin d'un mot
Un mot avant de te quitter
Ce mot n'est pas arrivé
J'ai ressenti un vide immense
J'ai l'impression d'avoir un coup
Pas un coup de poing
Mais un coup au cœur
J'ai besoin d'entendre ce mot
Pas tout le temps
Mais de temps en temps
Je suis si triste
Que même mes larmes
Je n'ai pu les retenir
Elles ont coulées
Dans un silence absolu
Tout en regardant tes photos
Comment cacher ma peine
Comment cacher ma tristesse
Pour un mot que mon cœur
A tellement besoin d'entendre
Mon cœur trop sensible

Sensible d'avoir souffert
Mon cœur a juste besoin
D'être rassurer surtout
En se quittant le soir
Juste un mot
Doux aux oreilles
Qui réchauffe le cœur
Tendre en le voyant dans tes yeux
Juste un je t'aime
Le soir, pour avoir le cœur en paix
À toi mon bel inconnu
Je t'aime d'un amour infini

Sans nom 1a – 11
J'aimerai pouvoir te parler
Te parler sans relâche
Sans devoir me cacher
Fais-moi un signe, juste un
Pour que je sache si tu penses à moi
Je me sens si seule, si triste
Ma vie n'a plus aucun sens
Depuis que nous ne nous voyons plus
Je n'arrive même plus à trouver le sommeil
J'essaie de sentir l'odeur de ton corps

Mais je n'y arrive pas
Tu es si loin de moi
Tellement proche dans mon cœur
Je voudrais pouvoir danser avec toi
M'enlacer dans tes bras
Entendre ton cœur battre
Mais quand je pense à tout ça
J'ai juste envie de pleurer
J'ai juste une chose qui me console
Ce sont tes photos que je peux regarder
Me dire j'ai fait une erreur
J'aurai dû me battre pour te garder
À toi mon amour
Je t'aime

Le manque de la nuit.
Encore une nuit à passer seule,
Un vent frais rentre par la fenêtre,
Le temps est doux,
Je n'ai pas envie de dormir,
J'ai envie de profiter de la nuit,
De ce calme reposant,
Les idées noires sont parties,
Je profite de ce moment de repos.
Mes pensées se laissent aller.

Je suis parti écouter les bruits de la nuit.
Le silence, le bien être m'envahit.
Je voudrais que ça dure,
Je voudrais pour une fois,
Que le temps s'arrête,
L'envie de recharger mes batteries,
Dans ce silence obscur,
Rien pour le déranger,
Juste le bruit de mes pensées,
Qui s'en vont,
Pour laisser ma paix intérieure,
Revenir pendant un bref instant.
Le plus dur c'est d'être seule,
Seule pour en profiter,
Car la solitude s'installe de trop,
Les idées noirs parties,
Mais la nostalgie arrive,
Le manque d'amour est là.
Je suis seule, je suis bien,
Mais j'ai mal de la solitude,
De ne pas pouvoir être aimée,
Aimée comme toute femme a droit.
Je suis seule, j'en peux plus.
J'ai besoin de toi près de moi.
Tu me manques, et ce silence,

Me le rappelle sans cesse.
Reviens moi vite stp.
Je t'aime et je veux partager
Ce silence agréable avec toi.

J'en perds mes mots
Les mots me manquent pour te décrire
Ici-bas, tu es mon seul désir
De cette vie, je ne puis jouir
Sans ton regard pour l'adoucir
Sans toi, la vie me rend las
Car d'ambitions, je n'ai plus
Si te sentir, je ne peux pas,
Contre ma poitrine, si près de moi
Ton existence est une richesse
Ton doux visage est une caresse
De mon cœur de femme tu es amant,
Car vivre sans toi, n'es que tristesse
Un jour sans toi, est une prison,
Vivons ensemble, d'amour-passion
Tu sèmes en moi la confusion
Tes yeux m'apportent consolation
Mes sentiments ne sont pas faux
Aide-moi à rendre mes jours plus beaux
Sur cette terre, rien ne te vaut,

En ta présence j'en perds mes mots
Pour toi mon bel inconnu je t'aime

Si seulement tu savais
La nuit, je tremble de froid
Tes bras ne sont pas présents pour me réchauffer
Tes douces caresses pour me réconforter
Mon cœur n'est qu'une bombe à retardement
Qui ne demande que d'exploser en larmes
Si seulement tu savais...
Toi qui es à des milles de moi
Toi qui me manques tant
Si seulement tu savais...
Ici, c'est le martyr, l'enfer
Là-bas, c'est le paradis
Toi qui es si unique et qui illumine mon cœur
Si seulement tu savais...
Sans toi, je suis une fleur inerte
Alors que tu es un teddy Bear qui rend la vie
En ton absence, je ne suis qu'une moitié

Loin de toi, un corps sans attrait
À tes côtés, je deviens un ange au paradis
Si seulement tu savais...
Alors, tu me dirais 100 fois
JE T'AIME pour apaiser mes larmes

Je voudrais te dire avec sincérité
Je voudrais te dire avec sincérité
Les sentiments que j'ai en moi
Pour toi, l'homme qui hante mes rêves
J'ai envie de te connaître
Te faire découvrir l'amour que j'ai en moi
Quand je me réveille
Je pense au rêve que j'ai fait
Que j'ai imaginé
Je n'oublierai jamais le plaisir
De certains moments de mes nuits
Connaître le prix des larmes
Calmer une âme stressée
Être disponible
Chaque fois que c'est possible
Aimer, c'est se sentir en sécurité
Sous le regard de l'être aimé
N'aie pas peur de pleurer
Les larmes sont là pour soulager

Je sais maintenant que tu me lis
Je n'en demande pas plus
C'est promis
Utilise les mots justes au bon moment
Que j'ai peur par moment
Quand je rêve de toi
Quand je suis avec toi
Quand je vois ton sourire
Quand je pense à toi
J'écoute ton cœur plein
Plein de tendresse
Mon cœur à peur d'aimer
Le passé là tant déchiré
Des nuits entières
Je peux passer
À pleurer mon désespoir
Ma vie est un désordre
Que j'essaye d'améliorer
Si seulement, je pouvais effacée
Mon espoir est de me permettre de te dire
Qu'un jour viendra où il pourra guérir

Tu t'éloignes,
Tout doucement,

Je sens que tu pars,
Sur la pointe des pieds,
Tu espaces nos moments,
Que ça soit de discussion,
Nos moments en cam,
Tu t'éloignes.
Je le sens au fond de moi.
Dans nos conversations,
Ton temps de réponses s'allonge.
J'ai l'impression,
Que je ne suis plus une priorité,
Ça me manque tellement,
Nos conversations du passé,
Aujourd'hui, j'ai la sensation
Que tu ne fais que ton devoir,
Ton devoir d'être humain.
Je me trompe peut-être.
Mais c'est mon ressenti.
Tu t'éloignes,
Ça fait mal,
Chaque jour des minutes en moins,
J'ai besoin de ta présence,
Pour tenir le cap de ma route.
Rapproche-toi tu me manques.
Je t'aime.

Tristesse,
Je m'en vais
Dans les profondeurs
De mon cœur.
Là où tu as eu du mal d'entrée,
Là où j'ai laissé des portes
S'ouvrir toute seule.
Pour te faciliter le chemin.
Le chemin jusqu'à mon cœur
Tu n'as pas seulement
Employer ton charme,
Mais ta douceur et ta gentillesse
On fait que je suis tombée amoureuse
Chaque jour,
Tu arrivais à me faire rire
À me faire sourire,
À me faire garder l'espoir.
Je ne voulais pas que tout ça arrive
Je voulais juste un peu d'amour et de rêve
Pour oublier la distance entre nous.
Dans les profondeurs de mon cœur,
J'y retrouve ton doux regard,
Tes paroles tendre et douce,

Résonnent dans mon cœur
Comme dans ma tête.
Le vide s'installe,
Mon cœur s'étouffe,
L'espoir me tue.
Tu me manques tellement.
Tu es la seule chose
Que je désire dans la vie.
Je m'en fou du temps que ça prendra
Tant qu'un jour, je sais que tu seras là
À côté de moi, pour toujours.
Je t'aime mon bel inconnu.
A tout jamais, tu as la clé
La clé de mon cœur.
Reviens moi stp

Ma dernière chance

J'étais sur un nuage, je pleurais
J'étais seule et personne ne m'aimait
Je parlais aux oiseaux qui passaient
Mais ils ne s'arrêtaient jamais
Un jour, je t'ai découvert
Toi et tes beaux yeux
L'amour que je ressentais,
Dans mon cœur si grand

Que personne ne le comprenait
Avant j'avais une drôle d'impression
Que personne ne me prêtait attention
Mon cœur était si triste et lourd
Bien loin était mon envie d'aimer
Puis tu m'es apparu
Depuis ce jour,
Mes larmes ne cessent de coulées
Mon cœur est trop sensible
Pour que quelqu'un
D'autre puisse y rentrer
Pour me réconforter
Dans ma vie tout est fini
Tu es ma seule chance de survie
Tu es le seul qui a su lire en moi
Tu es la rare personne
Qui a percé mon cœur
Tu es le seul qui en détiens la clé
Je t'aime

Pardon mon amour
Je voudrais encore te demander pardon,
Même si tu m'as déjà pardonnée.
Je voudrais te dire que les larmes que j'ai
Ce ne sont que des larmes d'amours,

Mais cet amour n'est destiné qu'à une seule et unique personne.
Cette personne c'est toi, simplement.
Toi qui as toujours été là pour moi,
Toi que je ne veux pas perdre,
Tu ne sais pas comme je m'en veux à certains moments.
D'être comme je suis, j'ai l'impression,
Que je me puni moi-même,
Mais je me rends compte que c'est à toi que je fais du mal,
Je suis si maladroite, et idiote quelques fois,
Mais je sais que c'est la peur de te perdre qui me rend comme ça,
Je n'ai pas appris à vivre un vrai amour,
Je le vis seulement maintenant avec toi,
Je le découvre, et mon cœur chavire trop
Je t'aime d'un amour profond et sincère,
Ça tu ne dois pas en douter,
Mes paroles ne changeront jamais, jamais,
Tu es ce que je connais de mieux dans ma vie.

Je t'aime mon ange, mon amour et surtout ma légende
Car deux comme toi, ça n'existe pas
Tu es unique et spécial pour moi.
Je t'aime du fond du cœur

Laisse parler ton corps
Tu as peur,
Peur de t'exprimer
Tu as peur,
Du quand dira-t-on
Tu as peur,
D'être trop grosse,
Tu as peur,
De vexer les autres
Tu as peur
De donner ton avis.
Tu as peur de plein de choses.
Ferme les yeux,
Laisse la musique t'envahir
Imagine toi seule
Oui ça fait peur,
Mais dépasse cette peur,
Tu dois oser.
Doucement

Laisse parler ton corps
Au rythme de la musique.
Plus personne ne peut t'arrêter
Plus personne ne peut te critiquer
Surtout personne ne peut te juger.
Ton corps a besoin de s'exprimer
Écoute ce qu'il demande.
Laisse parler ton corps
Loin de la médisance
Tu verras c'est facile
Ton esprit se libèrera
Tu commenceras à vivre
Pleinement.

Tu veux savoir qui je suis
Tu veux savoir qui je suis
N'étudie pas ma façon d'agir
Tu veux savoir qui je suis
N'écoute pas ma façon de parler
Tu veux savoir qui je suis
Ne regarde pas les vêtements que j'ai
Si tu veux vraiment savoir qui je suis
Apprend à lire mes yeux
Regarde la façon dont je cuisine
Goûte les saveurs qui en sortent

Observe attentivement la façon dont je bricole.
Comment mes mains travaillent les objets.
Analyse la façon quand je parle d'un sujet
Si tu veux me connaître savoir qui je suis
Regarde-moi sous le soleil quand je suis au jardin
Observe la façon dont je traite les plantes
Après avoir fait tout ça
Prend quelques jours sans me voir
Si tu m'aimes comme tu me le dis
Alors, tu comprendras qui je suis
Là je serai que notre amour
Ne se brisera jamais.

Je ne veux pas changer
Moi, je ne veux pas changer,
Je suis avec un homme merveilleux.
J'ai des enfants super adorable,
Mais je ne veux pas changer,
J'aime mon caractère,
J'aime ma façon de parler,
Je ne veux pas que l'on me change.
Je ne serai pas moi, je ne serai pas vrai.

Je fais des efforts pour mon couple,
Pour mes enfants, pour personnes d'autres.
Pour deux, trois personnes qui sont là pour moi.
Les autres ceux qui jouent les hypocrites,
Les faux culs, les innocents,
Je ne changerais pas pour vous,
Même pour tous l'or du monde,
Comme on dit si bien.
Je ferais attention au bien-être,
De mon homme et mes enfants,
Je ferais au maximum le bien autour de moi,
Mais je ne changerais pas,
Vous n'avez pas ouvert vos yeux avant,
Vous n'avez pas voulu voir qui je suis réellement.
Ce n'est pas grave, mon cœur a fait son choix.
J'ai souffert, je souffre encore, possible après.
Mais je ne changerais pas,
Tant qu'au plus profond de moi,
Dieu ne me le fait pas ressentir.

Je vis à la demande de Dieu,
Je vis pour rendre une famille heureuse.
J'espère simplement qu'il sera fier de moi.
Inchallah.

Oh mon amour
Oh mon amour
Étoile de mes nuits
Sans toi, je ne suis rien
Mon cœur est vide
Mon âme est lasse
Laisse-moi me rapprocher de toi
Ne fus qu'un moment
Un moment dans tes bras
C'est comme une vie avec toi
Ne m'oublie pas
Car l'amour c'est comme un grain
Un grain qui risque de s'envoler
À tout moment de l'année.

Qui est-il ?
Qui est ce garçon,
Au visage si doux,
Celui qui arrive à me faire sourire.

D'où arrive-t-il ?
D'où tient-il cette force ?
Dites-moi, c'est important.
Il a cette façon bien à lui,
De rendre tout le monde heureux.
Il redonne la joie à ceux qui en ont besoin.
J'ai besoin de savoir qui il est.
Car quand je le vois,
Malgré la tristesse que j'ai en moi,
Il n'y a que lui qui a cette chose magique.
Qui me redonne le sourire,
La force de continuer,
Et l'espoir d'un jour meilleur.
Dites-moi qui est ce bel inconnu.
Car mon cœur est tombé amoureux.
Dites-lui que je l'aime
Que je ne peux l'enlever de ma vie.
Pour toi mon bel inconnu.
A tout jamais dans mon cœur.

Sans nom1h – 18
Je pensais que tout espoir était perdu
Je ne pensais plus pouvoir aimer
J'avais fermé la porte de mon cœur

Je gardais la clé à l'abri
En la regardant tous les soirs
En me disant c'est fini pour moi
Puis tu es arrivé
On a fait simplement connaissance
Jour et nuit
On n'a pas arrêté de parler
Tu es venu dans un moment très dur pour moi
Ta curiosité a fait que tu es resté
Tu m'as soutenu, réconforter
Tu m'as fait oublier le temps.
Comment je peux te remercier
D'être là à chaque moment de ma vie.

Une simple rencontre
Dans la pénombre,
Je t'aperçois douce colombe.
J'ai fait ta rencontre,
Dans des catacombes,
Dans un pays du tiers monde.
A la lueur du soleil,
J'ai perdu mon sommeil.
J'ai vu une chose exceptionnelle,
J'espère que ça sera fusionnel.

Pas occasionnel.
A voir tes yeux,
Comme des pierres précieuses.
Ce fut si merveilleux.
Pouvoir admirer ton visage,
Tu m'offres un bel héritage.
Un héritage de la beauté,
D'où mon caractère,
Ne peut être que timidité.
En descendant mes yeux,
Sur ton corps,
Je ne peux faire qu'un éloge,
Qui ne déroge à aucune règle,
De la faiblesse de l'être,
Qui ne peut que reconnaître,
L'amour qu'il a pour une femme.

Sans nom1f – 16
Ce regard n'est pas triste
C'est juste un regard pensif
Un regard qui parle
Qui espère
Qui devine
Juste un regard d'amour
Un regard qui admire

La personne qu'elle aime
Une envie de le prendre
Dans ses bras
De pouvoir lui caresser
Le visage délicatement
Lui dire avec douceur,
Avec tendresse,
Je t'aime mon amour
Ce regard amoureux
N'est que pour toi
Car tu es la personne qui
Me rend heureuse chaque jour
Mais ce n'est pas un regard triste
Mon tendre future époux
Je t'aime à l'infini

Pour toi
Toi qui es rentré dans mon univers
Toi qui étais là pour me parler
Quand j'en ai eu besoin
Tu m'as soutenu dans un moment difficile pour moi
Tu m'as écouté sans me juger
Tu as eu une attention particulière
Qui m'a énormément touché

Tu me redonne tout doucement
Ce sourire perdu
Mon cœur complètement brisé
Essaye de se recoller,
Je ne sais pas quelle force tu as en toi
Mais j'ai l'impression
Qu'elle est bonne pour moi
Merci d'être là.

Pour toi1
Tu m'as connu avec une photo
Mais ce n'est qu'une image
Ce que mes yeux disent
Ce que mon cœur ressent
Est bien plus que tu ne le penses
Toi seul à la clé de mon cœur
Toi seul détiens la façon
De me redonner goût à la vie
Malgré la distance qui nous sépare
Jamais je ne changerai de sentiments
Pour toi
Je t'aime à tout jamais

Crois en la beauté de tes rêves
Où tu iras, j'irai, sans peur du lendemain,

Surtout ne lâche pas ma main,
Nous laisserons nos envies faire,
Pouvoir vivre le bonheur à tes côtés,
Sera ma plus grande des joies,
Crois en la beauté de tes rêves,
Ceux que Dieu a placé en toi,
Ceux que tu as toujours eu dans ton cœur,
Main dans la main,
Nous pouvons aller loin,
Laisse libre cours à tes envies.
Dis-les-moi dans le creux de mon oreille,
Que nos rêves se rejoignent au-delà des frontières.
Fessons en sortes de montrer au monde,
Quand l'amour est là,
Plus rien ne peut nous arrêter.
Montrons notre joie
Prouvons qu'un amour à distance
C'est plus fort que tout.

Mon cœur
Mon cœur est un endroit mystérieux
Il est dans un espace sans fin,
Il peut faire de mon âme

Un ciel tout bleu
Un soleil qui brille à l'infini
Quelques fois, il a la sensation
D'être sauvage, libre
D'aimer et d'être aimé sans fin
Il contient souvent une telle fureur
Une si grande douleur
Un orage qui éclate
Sans que je ne puisse le calmer
Il est rempli d'amour
De tendresse et de bonté
Que j'aimerai partager
Faire tourner du bon côté
Envelopper d'un voile chaleureux
Ceux dont l'orage a éclaté
Ceux pour qui le cœur
Est devenu un désert
Mon cœur, cet inconnu qui bat en moi
Souvent il est bien seul
Je ne comprends pas le pourquoi
Blesser et se brisant en milles éclats
Quand l'orage est passé
Qu'il devient paisible
L'orage de mon cœur
La vie aujourd'hui,

Se ressemblent beaucoup
Ils contiennent plaisir et douleur
Amour et pardon
Un jour, je l'ai donné,
Il a été piétiné
Je l'ai réparé tant de fois
Maintenant, il bat
Au rythme de la vie
Distribue aussi tout
L'amitié et l'amour qu'il contient
Ce cœur si mystérieux
Je le partage avec toi

Je voudrais
Je voudrais te voir
Pour te parler d'amour
Te dire des mots tendres
Te les dire chaque jour
Je voudrais bien entendre
Le son de ta voix
Entendre ton cœur
Battre dans le noir
Mon regard plongé
Au plus profond de tes yeux
Je te dirai je t'aime

Pour la première fois
Je voudrais toucher ta peau
Pour sentir tes frissons
Me mêler à ton souffle
Jusqu'à en perdre la raison
Je voudrais t'embrasser
Goûter tes lèvres tendres
M'enivrer de ton sourire
Le garder jusqu'à mourir
Mon regard plongé
Au plus profond de tes yeux
Je te dirai je t'aime
Pour la première fois
Je voudrais t'enlever
Monter dans le ciel
Rêver sur un nuage
Baigné par le soleil
Je voudrais vivre tes nuits
Pour entrer dans ta tête
Avec mille caresses
Y accrocher des étoiles
Mon regard plongé
Au plus profond de tes yeux
Je te ferai l'amour
Pour la première fois

Je voudrais te voir
Je voudrais t'entendre
Je voudrais toucher ta peau
Je voudrais t'embrasser
Je voudrais t'enlever
Je voudrais vivres tes nuits
Mon regard plongé
Au plus profond de tes yeux
Je t'aime mon bel inconnu

Toi mon bel inconnu
Toi celui qui hante mes nuits
Toi qui viens dans mes rêves
Quand je vois tes yeux
Dans la pénombre
Me regardant du coin de l'œil
Ce sourire du coin des lèvres
J'ai envie de te rejoindre
M'asseoir à tes côtés
Je n'arrive pas à me rapprocher
Combien de temps doit passer
Pour enfin pouvoir te toucher
Voir enfin ton visage
Ne me fait pas attendre
Je sais que tu es là

Que tu m'attends

Sans nom6
Je ne suis qu'une caricature en quête de bonheur
Ce que je te montre n'est peut-être pas moi
Ce que tu désires, je l'ai en moi
Ça je peux te le dire
Mais trop de personnes m'ont détruite
Tout doucement, j'arrive à me reconstruire
Mais je te le dois
Tu es devenu ma force
Ma seule envie de vivre
Sans toi, je serai au point de départ
Dans le tourment du néant
Dans les profondeurs des idées noires
Tu m'as montré que l'amour peut être magnifique
Ça me fait peur, j'ai trop été détruite
Je sais qu'avec toi, je suis bien
Je ne veux personne d'autres
Je n'arrêterai pas de te le dire
Tu es mon oxygène

Sans toi, je sais que je ne suis plus rien
Même si tu es loin,
Mon amour est à tout jamais pour toi
À toi mon ange gardien
Ta femme qui te sera toujours fidèle
Je t'aime ma légende.

Ma déclaration
Qui peut dire que l'amour n'a pas d'âge
Moi j'affirme que NON
Il n'y a pas d'âge pour aimer
Oui je suis amoureuse
Amoureuse d'une personne plus jeune
Mais pas parce que
Je n'arrive pas à vieillir
Juste que l'on est en harmonie ensemble
Juste le courant passe bien
Juste l'on se comprend
Juste on a appris à se connaître
Oui on s'aime
Mais je ne suis pas une couguar
Je suis simplement une femme
Qui malgré ses problèmes
Ses peines et ses blessures
A besoin de donner de l'amour

A besoin d'en recevoir
Oui ça va déranger
De voir un couple comme ça
Qu'est ce qui est le plus important
Voir les gens heureux ou malheureux
Je n'ai qu'un souhait
Voir les gens heureux
Lui il m'offre ce bonheur
Il m'offre cette douceur
Qu'une femme recherche
Il est d'une tendresse
Qui arrive à calmer mes peines
Il dégage un amour discret et sincère
Il est attentionné
D'une façon que je ne pensais pas
Oui on n'a pas le même âge et alors
Le principal c'est la compréhension
La complicité que l'on a entre nous
Je l'aime et je ne pourrais jamais
Assez le remercier
Pour ce qu'il m'apporte dans ma vie
À toi mon bel inconnu.
Je t'aime

La réparation de mon cœur.

J'ai eu mon cœur brisé
J'ai essayé de le réparer
J'ai pris du fil pour le recoudre
Mais la blessure était trop grande
Que mon cœur a brisé les fils
J'ai essayé de le recoller
Mais mon cœur saignait de trop
Il a reçu des coups de couteau
J'ai essayé de lui mettre un bandage
Mais il était trop faible pour battre
Le bandage a glissé
J'ai essayé de retenir mon cœur,
Mais il est devenu si léger
Que je ne le sentais plus
J'ai essayé de le rattraper
Mais il s'est enfui
Un jour, il a rencontré un autre cœur
Il a doucement recommencé à battre
Il a réussi à arrêter de saigner
Il a toujours ses blessures
Mais en douceur, elles guérissent
De lui-même, mon cœur s'est attaché
A un inconnu, qui avait un cœur doux
Depuis ces deux cœurs, ne savent plus se lâcher.

Même si mon cœur gardera des cicatrices
Je sais que maintenant, je n'aurais plus mal.
Il ne sera plus blessé
Cet inconnu au cœur doux
M'a appris à le laisser parler
Lui avouer tout l'amour
Que j'ai pour lui
Rien que pour ça
Je lui dis merci mon ange.

Toi, mon bel inconnu
Est-ce possible que j'ai découvert
Qui tu étais
Est-ce possible que sans le savoir
C'est toi qui étais écrit dans ma destinée
Est-ce que c'est grâce à toi
Que je vais enfin devenir heureuse
Mon bel inconnu,
Après tant d'année,
De souffrance, de tristesse, de malheur,
Tu es arrivé, et tu as réussi à calmer mon cœur
J'ai du mal à croire,
Que les sentiments que j'ai en moi

Ce sont les sentiments qu'une femme
Doit avoir quand elle est amoureuse.
Tu es l'amour de ma vie
Tu es comme une fontaine qui jaillit
Tu es l'amour de mon cœur
Tu es comme une fleur
Tu es l'amour de mes rêves
Tu es mon univers
Tu es l'amour de mes pensées
Je ne veux point te laisser
Tu es l'amour de mes nuits
Moi je te suis
Tu es mon amour de l'année
Ne me laisse pas tomber
Tu es l'amour d'un jour
Mais ça sera pour toujours.
Tu es mon étoile de bonheur
Je te donne mon cœur
Où il est écrit le verbe « aimer »
Car je t'aimerai pour l'éternité.

Mon homme
L'homme qui a de la chance
C'est un homme
Au regard tendre

C'est un homme
Qui a un charme incroyable
C'est un homme
Qui a de douces paroles
Il y a des paroles qui peuvent
Réchauffer le cœur
C'est homme est malheureusement
Loin de chez moi
C'est un homme qui arrive
À me redonner le sourire
C'est un homme avec qui
J'aime parler pendant des heures
Cet homme
Ce n'est rien d'autre que toi
Toi qui as su
Me transformer mon cœur
Qui as su me redonner
L'envie d'ouvrir mon cœur
Une dernière fois
C'est simplement toi
Toi mon bel inconnu

Sans nom5
Tu as fait de moi ta colombe

Tu as commencé par me réparer mes ailes
Tu as fait en sorte que je tienne sur mes jambes
Moi qui ne voulais plus avancer
Tu m'as offert ton temps
Pour réapprendre à voir et écouter la nature
Tu m'as ouvert les yeux
Car je ne voulais plus voir la réalité
Entendre c'était fini pour moi
Quand tu as eu fini de faire tout ça
Tu as eu le temps, la patience pour réparer mon cœur
Pour cela, tu as commencé à me faire sourire
Quelques mots par ici, par là pour me faire rire
Tout doucement, ma tristesse disparaissait
Puis tu m'as fait la plus belle demande
J'ai laissé parler mon cœur
Tu es le seul parmi tant d'autres
Qui a su trouver la clé de mon cœur
Tu as réussi à faire renaître ta colombe

Je serai à toi, jusqu'à ce que la mort
Nous separes, juste le temps de te retrouver au paradis.
Merci mon ange je t'aime.

Amour tant espérer.
Mon amour
Toi, mon bel inconnu
Étoiles de mes nuits
Qui me fait rêver.
Mon cœur est vide
Mon âme est lasse
Je ne peux oublier
Les moments passés avec toi
Nos discussions, nos rires,
Me manques tellement.
Tu es la lumière de nos jours
Tu es mon envie de vivre
Je ne peux pas accepter
Une autre personne dans ma vie
Tu as reçu la clé de mon cœur
Je ne veux pas la reprendre
Je ne serai pas changée mes paroles
Je continuerai à rêver à nos paroles
Je continuerai d'espérer à notre amour

Jusqu'à mon dernier souffle
Au-delà, mon amour te sera fidèle
Tu n'as qu'un mot, une parole
Tu sais bien que je ne serai
Te refuser l'amour que j'ai pour toi
Tu as appris à me surpasser,
Tu m'as redonné le sourire,
L'envie de me battre.
Le destin m'a tout repris
Maintenant, mon cœur saigne
Mais espère toujours.
Que ça soit sur terre
Ou dans les cieux
Que notre amour
Redevienne
Comme au premier jour
Je t'aime.

A toi mon roi
Au début de notre rencontre
Je ne pouvais pas imaginer
Qu'une amitié comme la nôtre
Allait se transformer
En une histoire d'amour
Une histoire romantique

Un amour sincère.
Une complicité jamais vue
Un mélange d'adolescent
D'adulte.
Une timidité et une franchise
Incroyable
C'est installé entre nous.
Un regard, un geste
Nous nous comprenions
La douceur de ta voix
Me rassurait
Je redécouvrais ce que le mot
Amour voulait dire
Malgré la distance
Nous avons eu les plus belles
Expériences
Les plus beaux désirs
Mais la distance a gagné
Elle nous a séparé
Mon cœur s'est brisé
À tout jamais
Le jour où tu m'as dit
C'est fini
J'essaye de le réparer
Mais rien n'y fait

Il ne réclame qu'une chose
C'est toi et ton amour
Qui me manque de trop
Il n'y a que toi qui peut le réparer
Toi, mon bel inconnu
Je t'aime.

Aller sur la lune 2
J'avais envie d'aller sur la lune,
J'avais dit pas toute seule,
J'avais avec ma moitié,
Après plusieurs années,
De mauvais moments,
Ma moitié est arrivée,
Je sais que je pourrais,
Aller sur la lune,
Que je pourrais l'emmener,
Je sais que je vais enfin,
Vivre le vrai bonheur,
J'ai trouvé ma moitié,
Qui me comprend,
Qui me donne de l'espoir,
Qui me fait vivre ce que je ne connais pas,
Qui m'apprend ce que veut dire

Le vrai sens, d'aimer et être aimé.
J'irai sur la lune,
Je trouverai le moyen,
Je désespérai, mais elle est là,
Sincère et honnête,
Doux et protecteur,
Timide et secret.
Ma moitié, mon homme,
Il fait en sorte que mes rêves
Devienne réel, mon sourire
Revient pour toi,
Mon homme, je t'aime

Mes mots pour la Saint-Valentin
En ce jour de saint valentin
Je te dédie ces quelques mots
Encore une nuit qui passe
Mon cœur reste lasse
Je suis loin de tes bras,
Loin de ton cœur
Depuis tes aveux,
J'écris ton nom
Sur les pages de ma vie
Présent futur
J'écris ton nom

Sur mon âme tourmentée
Dans le silence de ton absence
J'écris ton nom
Pour te dire que je t'aime,
Ma voix le crie,
Ma bouche me la défendue
Mais j'écris ton nom
Dans mon cœur
En lettre de feu,
En lettre de flamme
Ma raison chavire
Mes sentiments te désirent
J'écris ton nom
J'avais perdu ce sentiment
Je voudrais t'apprivoiser
Être dans tes bras
C'est toi
Je t'ai reconnu
Je t'ai donné pour nom
AMOUR AU GRAND JOUR
C'EST INTERDIT.

Sans nom 10
Pour toi qui es sorti de l'ombre
De je ne sais où

Ni comment et par quel miracle
Tu étais un inconnu pour moi
Tu es venu sans ton cheval
Pour faire renaître cette petite flamme éteinte
Avec ta curiosité adorable
Que j'espère restera à tout jamais
Tu me fais oublier mes peines
Tu es là, auprès de moi
À me réconforter à tout moment
Tu me combles de bonheur
Je retrouve l'espoir d'une vie meilleure
Chaque soir, je remercie Dieu
Pour ce magnifique cadeau
Malgré cette peur qui est en moi
La peur de te perdre
Toi mon amour
Pour tout ce que tu fais pour moi
Je te dis simplement merci
Je t'aime mon cœur.

Sans nom1e – 15
Toi qui sais me regarder
Avec des yeux à me faire fondre
Rien qu'en te regardant

Je pouvais voir ton charme
Au fond de tes yeux
Toi qui as toujours su calmer
Ma peine que j'ai au fond de moi
Toi qui m'as appris à me libérer
De beaucoup de choses
Oui je suis tombé sous le charme
Amoureuse de toi
Parce que tu as su
Me montrer que tu n'étais pas
Comme les autres
Parce que tu as su
Touché mon cœur
Parce que tu as fait bien plus
Pour moi que n'importe qui
Tout en restant les pieds
Sur terre
Tu m'as fait connaître un monde
Que je ne connaissais pas
Ce monde c'est celui du vrai
Signification de l'amour
Voilà pourquoi je suis tombé
Amoureuse de toi
Que je t'ai laissé la porte
La porte de mon cœur ouverte

Je voulais rater encore une fois
La chance de faire partie
De ta vie
Je t'aime et tu ne sais pas
À quel point tu me manques
Toi mon bel inconnu

Ma vie mon âme
Ma vie, mon âme
Toi et moi
Rien que nous deux
À nous aimés
Dans un monde de brut
Tu es mon seul amour
Ma vie sans toi
N'est que désespoir
Je broye du noir
Prends-moi dans tes bras
Serres moi très fort
Dis-moi des mots doux
À me rendre ivre
Montre-moi ton amour
À ne plus en finir
Toi, mon bien aimé
Tu es entré dans ma vie

Tu m'as séduit
Je ne sais pas, par quel mot
Ton regard en disait long
Sur tes sentiments
Je voulais résister
Mais je n'ai pas su le faire
Tu m'as pris la main
Tu m'as embrassé
Malheureusement
Ce n'était qu'un rêve
Un rêve bien beau
Qui se réalisera bientôt
Je sentirai la chaleur
De ton corps, de tes lèvres
Je serai enfin
Une femme heureuse
À tout jamais
Avec toi à mes côtés
Je t'aime mon bel inconnu
Oui pour toujours.

Je t'aime à ma façon
Je t'aime d'une façon étrange.
Une fois je t'aime de trop
Une fois pas assez

Quand je dois t'aimer fort
Je ne le montre pas
Quand je dois t'aimer peu
Je le fais de trop
Je n'arrive pas à trouver
Le juste milieu.
Je suis trop souvent maladroite
Comme je suis trop souvent sensible
Mon amour pour toi
Par moment, quand je t'aime peu
Peut vouloir dire que je ne t'aime pas
Mais au fond de mon âme
Je t'aime plus que tu ne puisses l'imaginer.
Mon cœur m'a échappé de mon corps.
Il n'a pas voulu m'écouter
Je lui ai laissé une chance
C'est peut-être pour ça
Que je ne suis pas sur la bonne mesure.
Je t'aime un peu, trop et à l'étouffement.
Mais mon amour est sincère,
Fidèle et à toi à tout jamais.
Je t'aime mon ange.

Pour toi mon prince

Mon tendre amour,
J'espère que tu fais de beaux rêves en ce moment
J'aimerai pouvoir être à tes côtés
Observer ton visage paisible
Pouvoir discrètement sans te réveiller,
Sentir l'odeur de ta peau, sentir la chaleur de ta peau.
Même si je dois rester à quelques centimètres de toi,
Pour te laisser dormir ce n'est pas grave,
Le principal c'est d'être à tes côtés,
Pouvoir t'apporter ton petit déjeuner au lit de temps en temps.
Te réveiller en douceur.
J'aimerai tant pouvoir me blottir dans tes bras.
Écouter ton cœur battre doucement
Sentir cette tranquillité qui envahi ton corps.
Oui je te parle encore d'amour
Mais quand on a des sentiments pour une personne
Quoi de plus beau que de dire ce que l'on ressent.

Quoi de plus beau que de laisser son cœur parler.
Même loin de moi, quand on est ensemble,
J'ai l'impression que tu es à mes côtés.
Je sais que je ne dois pas vivre
Pour une personne mais pour un but.
Mais je sais que si tu ne seras pas à mes côtés,
Mon but je ne l'atteindrai jamais.
Ma vie serait différente,
Car je sais que sans toi je ne suis rien.
Sans toi à mes côtés je suis perdue,
Dieu en est témoin de mes paroles.
Elles sont sincères, honnête
Surtout fidèle à notre amour.
Je t'aime de toute mon âme,
De tout mon être
Jamais je ne remercierai assez Dieu
Pour le plus beau cadeau qu'il m'a fait.
Merci mon ange mon homme
J'espère que Dieu fera en sorte
Que l'on puisse se retrouver très vite inchallah.
Je t'aime mon tendre prince,

Mon homme bisous tout doux

Amour brûlant
Dans l'obscurité, un homme, une femme
À la lueur d'une flamme
Un bel instant de tendresse
Où se mêlent silence et caresses
Lorsque, soudainement
Les gestes s'affolent
Dans ce monde toujours sans paroles
Ses lèvres se rapprochent doucement
Se touchent et se séparent furtivement.
Enfin, un long baiser brûlant
L'atmosphère se fait volcan
Les corps s'enflamment
L'homme serre la femme
Les membres s'entrelacent
Ne laissant plus aucune place
À la moindre petite bulle d'air
Il n'y a plus de repères
Les âmes s'envolent au paradis
Tandis que les corps restent dans la nuit
Puis, le moment magique et sans fin
Où les êtres ne forment plus qu'un
Les secondes se perdent dans le temps

Les corps s'enlacent profondément
Jusqu'à la phase finale
Le monde devient l'extase total

Mon amour, ma douleur.
Mon amour, ma douleur
Mon cœur hurle de tristesse
Mon cœur est rempli d'ivresse
Mais il est plein de tendresse
Mon regard amoureux
Mes yeux sont en aveu
Ma bouche est en feu
Quand je ne te dis pas je t'aime
Ce tendre poème
Doux comme ma peine
Quand je ne trouve pas les mots
Pourtant, si doux
Comme une mélodie sur un piano
Ton doux visage, si tendre
Tes yeux d'où sort la tendresse
M'enferme dans une forteresse
Tes paroles sont comme du miel
Mais tellement essentiel
A la survie de mon cœur
Sous tes paroles onctueuses

Mon cœur s'affaiblit
La tristesse m'envahit
Ne laisse pas la flamme
La flamme de mon amour
S'envoler ou s'éteindre
Car elle ne brûle que pour toi
Toi l'homme que j'aime.

Toi mon bel inconnu1
Tu es ma raison de vivre
Tu es mon oxygène et ma jolie
Mais si un jour
Ton cœur ne peut plus tenir
Juste à cause de la distance
Juste à cause des problèmes de connexion
Alors je te laisserai partir
Mais tu dois savoir
Que je garderai cette promesse
Cette promesse que je me suis fait
Personne ne rentrera dans mon cœur
Je sais que t'oublier
Me sera impossible
Car j'ai basé mon futur
Sur nous et les enfants

Je ne survivrai pas en était heureuse
Mais juste pour les enfants
Chaque matin,
Je porterai mon masque,
Malgré la douleur dans mon cœur
Le soir, dans mon lit,
Je laisserai couler mes larmes
Je penserai à toi
Toi mon rayon de soleil
Toi qui as sur refaire vivre mon sourire
Mais si le destin en décide autrement
Alors, je me retirerai
Sur la pointe des pieds
Ce n'est pas à mon âge
Que je vais te retenir
J'ai assez vécu
Pour respecter ton choix
Tu auras été mon plus beau
Dernier des cadeaux en amour
Que la vie m'a apporté
Fait ton choix
Mais dis-le-moi
Ne me laisse pas dans le doute
Mais je sais que je t'aimerai
Tout le restant de ma vie

Je ne cacherai pas les mots
Que je t'aie dit
Je t'aime mon bel inconnu
À tout jamais dans mes pensées

Sans nom1g – 17
Tu m'as toujours dit que
Tu es un être simple
Comme tout le monde
Moi je te réponds
À mes yeux non
Tu es peut-être comme ça
Aux yeux de tout le monde
Mais mes yeux te voient
Comme mon étoile
Une étoile de bonheur
Mon souffle
Le souffle de mon cœur
Ma tendresse
La tendresse de mes gestes
Ma douceur
La douceur de mes mots
Voilà comment
Je te vois,
Je voudrais te transporter

Dans la magie de l'amour
Te faire ressentir
Ce que j'ai en moi
Je voudrais te faire naviguer
Dans un océan de bonheur
Dans un océan d'espoir
Laisse-toi venir à moi
Par notre amour
Pour toujours

Ma flamme pour toi,
Un amour incomparable,
Une force qui nous lie,
Un désir plus fort que tout,
L'un sans l'autre,
Ce n'est pas possible.
Je puisse ma force en toi,
Je t'offre ce qu'un homme mérite.
La fidélité, la tendresse, l'amour.
Chaque jour un peu plus,
Mon amour se renforce
Chaque jour, je vois des changements.
Mais je ne dis rien,
Mon cœur se réchauffe,
Ma foi augmente.

C'est magnifique cette sensation.
Que je ne sais pas contrôler.
Tu es là, à mes côtés, ton amour m'est précieux.
Ta douceur m'apaise, me relax, et me relève.
La flamme de l'espoir renaît toujours à temps.
Tu ne la laisses pas s'éteindre.
Tu as reçu l'éducation d'une femme merveilleuse.
Qui a eu l'aide de Dieu pour surmonter ses problèmes.
Tu m'offres la joie de le découvrir.
Pas comme je voudrais, mais tu me surprends à chaque fois.
Dis-moi ton secret, qui me donne autant d'amour pour toi.
Pour toi mon amour, mon prince,
A tout jamais, et au-delà,
Je t'aimerai éternellement.

Toi et moi,
Dans ma vie, tu étais un imprévu
J'ai été prise au dépourvu

Pourtant tu ne m'avais jamais vu
J'ai essayé mais je n'ai pas pu
J'ai essayé mais tu m'as vaincu
Tu t'es présenté,
Mon cœur s'est laissé tenter
Tu m'as charmé
Je n'ai pas su résister
Mon cœur n'a pas pu se refuser
Tu avais de l'humour,
Tu m'as fait de beaux discours
Je n'ai pas su fait demi-tour
Tout au long de ta cour
Tu as traversé le parcours
Tu as commencé à m'aimer
Ma tête à toi ne fessait que penser
Ton charme m'a embaumé
Dans tes bras tu m'as attrapé
Toi et moi, on s'est envolé
Pour parcourir la route,
De notre destinée
Jamais nous n'avons eu de doutes
Nous étions déterminés
Car notre vie trop courte
On s'est promis fidélité
Tout se dire avec sincérité

Car notre première nécessité
Est d'être ensemble à nous aimer
Pour une vie, une éternité
Je t'aime....

Sans nom1d – 14
Je voulais t'écrire un poème
Mais je n'ai pas trouvé les mots
Je me suis demandé
Comment te faire plaisir
Avec une chose simple
Te dire que tu me manques
Tu le sais déjà
Te dire que je t'appartiens
À tout jamais
Tu le sais aussi
Alors mon cœur
M'a dit simplement
Avec amour
De te montrer une petite chose
Qui ne coûte rien
Mais qui est si belle
À mes yeux et doux à mon cœur
Cette chose n'est pas une chose
C'est un être rare, tendre

Aux paroles délicates et douce
Qui savent calmer mon cœur
Pour moi,
Il n'existe qu'une personne
Depuis que j'ai eu la chance
De la découvrir
Cette personne c'est tout
Simplement toi
Bisous doux

Je n'y croyais plus.
Je n'y croyais plus
Je dois l'avouer
Un jour, internet me l'a fait connaître
Sans qu'il sache ma vie,
Il ne voulait pas que je quitte mon mari.
Cet inconnu était mon ami,
Il passait de longue heure à me raisonner.
C'était impensable pour lui le divorce.
Pourtant, au fond de moi,
Je savais qu'il n'y avait pas de retour en arrière.
Mais comment lui dire,
Je n'osais pas révéler la vérité.
Malgré tout il m'encourageait à tenir.

Les jours passèrent,
Toujours amis,
Lui dans un pays,
Moi dans un autre.
Une amitié hors du commun.
Sincère et difficile.
Difficile de ne pas lui avouer,
Ce que je vivais.
Puis les mois ont passé.
Après un long silence,
Pas de lui de moi,
Je ne pensais pas
Que ça allait être mon bien aimé.
Pourtant, cette amitié réelle,
Est devenu mon amour éternel.
Le dernier de ma vie.
J'ai accepté sa proposition,
De devenir sa femme.

Un tout petit rien.
Une envie, un désir,
Pas grand-chose,
Un tout petit rien,
Qui peut faire sourire,
Où l'âme se repose,

Je me souviens,
De ses jours heureux,
Où le soleil brillait,
Le ciel couleur azur,
J'étais en plein aveu,
Mes lèvres se mordillaient,
Ton regard me rassure.
Ta main dans la mienne,
Tes douces paroles,
Réchauffe mon cœur,
Mes pensées se souviennent,
De ce mirador,
Ou je planais de bonheur.
Ce tout petit rien,
Illumine mon amour pour toi,
Je ne sais pas s'il te convient,
Chez moi, il est en émoi.
Merci pour cette douce attention,
Toujours là pour me réconforter
Merci pour ta compréhension,
Qui ne fait que renforcer,
Les sentiments que j'ai.
Qui ne peuvent pas changer,
Pour l'éternité, je suis à toi.
Je t'aime mon étoile.

Sans nom1c – 13

Quand je vois tes magnifiques photos
Que tu m'offres tous les jours
Je peux que me dire une seule chose
J'ai la chance de t'avoir à mes côtés
Même si tu es loin de moi
Tu trouves toujours les mots
Pour me réconforter ou me rassurer
Tout en douceur, on a fait connaissance
Tout en douceur mon cœur s'est ouvert
Tout en douceur, j'ai repris l'envie de me laisser aimer
Aimer par ce bel inconnu qui est toi
Toi mon amour qui est mon ange
Avec ta tendresse,
Tu as réussi à me donner le sourire qui avait disparu
Avec ta gentillesse
Tu fais disparaître mes larmes
Ton doux sourire me redonne l'espoir
De ne pas abandonner
N'importe qui peut me draguer,
Mais personne ne te remplacera

Tu as posé la chaîne de l'amour qui nous lie
Dans le fond de mon cœur
Un jour cette chaîne je la couperai
Pas pour te laisser partir
Mais simplement parce que tu seras à côté de moi
Nous serons réunis à tout jamais
Je t'aime mon ange.

Texte pour mon amour
Je n'ai pas besoin d'attendre demain
Pour écrire le plus beau de mes poèmes,
Car quand je t'entends parler,
Quand tu me regardes,
Je vois devant moi le plus beau texte d'amour
Qui s'inscrit au fur et à mesure que les minutes passent.
Tu es mon prince, ma légende en même temps,
Tu es celui qui fait battre mon cœur,
Tu es celui qui me donne de l'espoir
Qui me donne l'envie de continuer à apprendre l'amour.

Tu es mon royaume, car avec toi dans tes bras, je me sens protégée.
Je t'aime pour ce que tu représentes dans ma vie
Malgré tout ceux qu'il y a sur terre.
Je sais qu'au plus profond de moi,
Personne n'aura la chance de pouvoir marcher à mes côtés,
Car la place est prise jusqu'à la fin des temps avec toi.
Tu es l'unique et le dernier de ma vie
A qui j'ai donné mon cœur pour l'éternité.
Parce que mon cœur te criait je t'aime,
Je n'ai pas su le retenir tellement les sentiments
Qu'il avait et qu'il a encore aujourd'hui sont fort.
Plus rien ne peut briser l'amour que je ressens pour toi.
Si j'interdis mon cœur de t'aimer,
Je sais que je le regretterai,
Alors j'ai préféré laisser mes sentiments aller à ta rencontre

Pour bâtir un chemin qui nous mènera
toutes les deux mains dans la main
jusqu'au paradis.
Avec inchallah la bénédiction de Dieu.
C'était juste pour te dire merci d'être
dans ma vie,
Je t'aime tellement fort mon homme,
mon prince, mon ange.

A Toi Billal, mon homme,
Il m'a fallu du temps,
Beaucoup de patience,
Beaucoup d'amour,
Pour que ce jour arrive.
Tu m'as demandé
Ce que toute femme espère
Quand elle est amoureuse.
Quand elle ne veut pas
Perdre l'amour véritable.
Tu m'as fait ta demande
Je n'ai pu refuser,
Tant de temps que j'attendais,
Tant de temps que j'espérais.
Tu as rendu une femme au cœur brisé.
De la joie, du bonheur, de la vie,

Je n'y croyais plus, j'avoue,
J'avais la peur de te perdre,
Mais ce geste, m'a rallumé l'espoir,
La flamme de mon amour pour toi,
Je ne pouvais que te dire dans mes poèmes,
Mon bel inconnu, mon ange, mon amour,
Maintenant, je sais que je peux,
Dire au monde entier, à quel point,
Tu es ma légende, tu es la personne,
Qui a fait renaitre un sourire perdu,
Je t'aime Billal, mon ange.

Mon imagination
Je regarde la lune
Je t'imagine la regarder
A la croisée du chemin
Nos regards se fondent
L'un dans l'autre
Un long moment de silence
S'installent entre nous
Nos yeux parlent
À la place de notre bouche
Nos yeux expriment
Ce que notre cœur ressent

Notre âme ressent
Nos sentiments et nos envies
Malgré la distance entre nous
Nous arrivons à unir nos deux corps
Nous n'avons pas d'obstacle
Nous avons juste l'espoir
Le désir
De réaliser nos rêves
Nous le désirons tellement fort
Que chaque mot
Chaque phrase
Nous unis de plus en plus
En soudant notre amour
À tout jamais.
Pour toi mon bel inconnu
Devenu mon prince,
Mon amour, mon tendre époux
Ici sur terre ou dans les cieux
Je t'aime au plus profond
De mon âme et de mon cœur

Sans nom1i – 19
Même lorsque je dors, je pense à toi
Tous mes rêves sont dédiés à toi
Quand j'écoute une musique

C'est ton visage qui se dessine
Quand j'entends ton prénom
C'est vers toi que mes pensées vont
J'attends avec patience
Le jour où l'on sera ensemble
Je t'aime tendrement cœur

Si tu savais,
Si tu savais à quel point,
Ma douleur est présente,
Si tu savais à quel point,
Mes peurs sont ancrées,
Si tu savais à quel point,
J'aimerai que tu le découvre.
Si tu pouvais le ressentir,
Aussi fort que je le sens,
Je pense que tu me comprendras.
Je ne veux pas que tu les vives.
Mais seulement les comprendre.
Si tu savais combien c'est dur,
De les affronter toute seule.
Si tu savais comme je m'en veux.
D'être comme ça,
Tu ne me verras plus de la même façon.
Tu verras un être trop sensible,

Un être trop fragile à cause du temps,
Malgré la force que je montre,
Ne me correspond pas du tout.
Mais si tu savais combien je t'aime.
Tu ne seras pas capable de le croire.
Si tu savais …….

L'âme d'un poète.
Si tu as l'âme d'un poète
Si tu te sens bien dans ta tête
Alors essaye de jardiner ton cœur
Pour que nous vivions dans le bonheur
Pourquoi ai-je le sentiment
Que notre amour ne se réalisera pas
J'aimerai aussi savoir
Si des fois, j'ai fait une erreur
J'ai peur de mourir
Sans être aimé à tes côtés
Sans avoir connu la chaleur de ton corps
C'est pourquoi je me demande souvent
Mais quand je pourrais aller le rejoindre
Je suis une fleur douce et fragile
J'ai besoin de sentiments réels
Le temps est l'eau qui arrosera nos deux cœurs

S'il le faut,
J'attendrai des heures et des heures
Pour qu'enfin
J'entends ta douce voix
Me dire je t'aime
Face à face
Où tu me diras
Je suis enfin là
Nous devons connaître
Tous nos secrets, nos mystères, nos désirs
Pour que notre amour voit la lumière
La lumière d'espoir qui épanouira notre amour
Afin de vivre ensemble pour toujours
Je te dis, à toi, mon roi
Nous étions un, nous sommes deux maintenant
Alors aime moi comme je t'aime
Notre vie sera notre plus beau poème

Cette douce pluie
Quand j'entends cette douce pluie,
Je me repense aux douloureuses nuits.

Les nuits où je ne trouvais pas le sommeil.
Ces longues nuits,
Où je laissais mes larmes coulées.
Après avoir eu une soirée d'humiliation,
A entendre des paroles de jalousie,
Des paroles où l'on ne m'accuse pour rien.
J'ai eu droit à des mots disant
Tu es une incapable, tu es grosse.
Alors quand toi douce pluie,
Je sens la lenteur de mes larmes sur mes joues,
Tous ses mauvais souvenirs.
Toutes ses insultes, qui sortent de moi,
Pas par les cris, mais par des larmes.
Des larmes que je ne pouvais montrer.
Seul mon oreiller a pu compter le nombre de larmes.
Lui seul, peut dire le nombre de fois qu'elles ont coulés.
Le plus dur c'est de faire semblant de dormir,
Pour que les mots ne recommencent pas.
Tant qu'il n'avait pas vidé son sac,

Il m'empêchait de dormir.
Toi, douce pluie fait moi découvrir
Découvrir un autre monde,
Un monde de beauté,
Où tu me feras penser à d'autres choses.
Car la délicatesse que tu as quand tu te poses.
Tu fais à peine du bruit.
Mais il est à la fois très relaxant.
Merci à toi ma douce.

Le manque de mon papa.
Une mère complètement perdue,
Parmi tant d'hommes,
Ne sachant pas comment agir,
Préfère jouer avec eux.
Nous les enfants au milieu,
Ne pouvant pas donner notre avis,
Les deux petits trop jeune pour réaliser.
La grande a tout ce qu'elle désire,
Je suis le mouton noir de la famille,
Le reproche, je réclame mon père,
De trop, ça dérange, ça énerve.
On veut que je l'oubli,
Pourquoi, c'est mon papa.

Elle avait dit qu'il allait revenir.
Après trois ans, toujours rien,
Il n'est pas là, j'en peux plus.
J'ai besoin de lui,
Il s'occupait de nous, pas maman.
Il nous aidait dans nos devoirs, pas maman.
Il s'avait cuisiné mieux que maman.
Il venait le soir nous donner un dernier bisou,
Pas maman.
Je suis triste de ce manque, je l'exprime,
Mais personne n'écoute, déjà à mon âge,
Je voulais mourir.
Simplement par manque d'écoute et d'attention.

Je voulais tellement t'aider,
Je m'en veux de n'avoir pas su,
Malgré tous les conseils,
Que tu n'as jamais voulu écouter,
Quand tu les as écoutés,
Il était trop tard,
Le mal était déjà fait.
A chaque fois que tu avais besoin,

J'étais présente, j'arrivais.
Mais pour me faire du mal après.
Je voulais tellement t'aider.
Mais tu as refusé,
Tu ne m'as dit que de belles paroles.
Tu m'as endormi, manipuler.
Tout ça à cause de tes fréquentations.
Tu préférais les écouter,
Que d'écouter ta maman.
Je souffre et je souffrirai toujours,
De ton manque de respect,
De tes coups de couteaux
Que tu m'as envoyé.
Tu voulais vivre ta vie,
Mais tu en as oublié,
L'esprit de famille,
Tu veux être le centre du monde,
Mais pas du nôtre,
Seulement de ton monde,
Mais chaque personne est différente,
Moi, je voulais juste t'aider.
Mais tu ne l'as pas vu comme ça.
Tu l'as pris comme une attaque,
Tu as décidé de ne plus t'excuser,
Tu as brisé l'éducation que je t'ai donné.

Mais tu m'as brisé à tout jamais.
Malgré tout tu restes ma fille,
Je t'aimerai toujours
Comme à la première seconde
Où tu as été dans mes bras.
Ta maman qui t'aime.

Pour ma fille,
J'ai plus envie de te voir malheureuse
J'ai plus envie que tu sois loin de moi
J'ai juste envie de te voir heureuse
Que tu retrouves les couleurs de la vie
Ta joie de vivre comme avant
Pouvoir te serrer dans mes bras,
Quand j'en ai envie
La nuit c'est mon cauchemar
C'est le plus dur dans ce silence
Ma tête et mon cœur se perds
Dans mes pensées
Je pense à toi ma puce
À toi que j'aime tellement
Tu es ma vie, mon jardin secret
Tu me manques tellement fort
Tout comme une autre personne
Il ne me manque que vous deux

Pour avoir un bonheur complet
Être enfin heureux tous ensemble
Ni toi, ni lui, je vous lâcherai
Un jour,
Tout redeviendra comme avant.
Dans une maison,
Où il n'y a que joie,
Bonheur et amour
Pour toi ma puce et mon ange
Je vous aime très fort tous les deux.

Comment s'en remettre,
Comment se relever
Après la perte d'un être cher,
Un être que l'on ne connaissait pas,
Un être qui est devenu comme votre sœur,
Une complicité, une facilité pour parler,
Des fous rire et des pleurs,
Nous avons tout vécu ensemble,
Elle connaissait mes secrets,
Mes peines, mes douleurs,
La seule personne avec qui,
Je pouvais parler seule à seule.
Un jour, une maladie,

Un choc à l'annonce,
Malgré l'envie de se battre,
La maladie a gagné sur elle.
Un simple cancer du sein,
Deux ans après guérir,
Six mois de bonheur,
Puis la nouvelle annonce,
C'est reparti, mais elle le cache,
Ne veut pas me décourager,
Je le sentais, j'avais peur,
Peur de perdre ma sœur de cœur.
Les larmes retenues devant elle,
Qui coulent la nuit, pour se vider.
Ne rien laisser paraître,
Je ne m'en suis jamais remise,
Encore aujourd'hui, en 2019,
Je souffre, j'ai mal, j'ai besoin d'elle.
Une grande sœur de cœur comme ça,
Impossible à trouver.
Je n'arrive pas à m'en remettre,
Une chanson me rappelle tellement,
De souvenirs avec elle.
Des photos, précieusement gardé.
Pour ne pas oublier, que j'ai connu.
Une personne merveilleuse

Que la vie m'a repris.
Tu me manques Danielle Antoine.
Tu es à tout jamais dans mon cœur,
Les larmes coulent encore ta disparition.

J'ai découvert l'amitié,
Il n'y a pas si longtemps,
J'ai découvert le vrai sens de l'amitié,
Moi, qui avait tellement envie de savoir,
Mais tellement déçue des personnes,
J'ai découvert l'amitié, la bonté et la gentillesse.
Je peux dire que malgré ma méfiance,
J'ai de rares personnes qui sont honnêtes envers moi.
Elles ont accepté, que je sois musulmane,
Elles ont accepté, mes difficultés,
Où je peux même aller en étant habillée à ma façon.
Je suis même surprise à certains moments,
Que je ne sais pas comment réagir,
J'ai une personne ce matin,
Qui n'a rien de spécial avec moi,
M'a juste téléphoné pour me souhaiter

Une bonne fête des mères,
Ça m'a touché énormément.
Puis en début de soirée,
Nous vivons dans l'air des réseaux sociaux,
Je n'y échappe pas non plus,
Il m'arrive de mettre mes humeurs dessus,
J'ai découvert une seule personne qui était inquiète,
Qui est venu en privé me demander quoi.
Qu'est-ce qui se passait ?
J'ai été étonnée, car je ne m'attendais pas à ça.
J'ai l'impression même d'avoir été maladroite.
De ne pas avoir trouvé les bonnes paroles.
La vie en société, il y a une personne qui m'en a éloigné.
Doucement, elle m'a privée de ce qui est précieux,
De la communication avec les autres êtres humains,

Même de la communication avec les membres de ma famille.
Je n'ai plus rien avec la société,
Ce que je pensais jusqu'à ce jour,
Car je sais qu'il y a encore des personnes
Qui ont encore un bon cœur.
Merci à eux de m'avoir montrée une goutte d'attention,
Dans mon monde souvent très noir.

Une main tendue,
Comment ne pas avoir peur d'une main tendue,
Un groupe, un statut, un appel au secours,
Pour essayer d'aller mieux,
Pour trouver une solution,
Sans espoir de réponse,
Peur d'être jugée,
Peur de ne pas être entendue,
Mais il est là, mis en statut,
Les heures passent, la peur est présente.
Un commentaire, puis deux, trois,
Pas de jugement, ça soulage,
Pas de critique, ça rassure,

Un mot de sympathie, ça apaise,
Là on se dit que peut être que l'humanité existe
Puis, la peur de répondre,
On ne trouve pas les mots.
La panique s'installe, le regret aussi,
L'envie est là, le premier pas a été fait,
Il faut continuer, oser répondre,
Combien c'est dur malgré tout.
On réfléchit, on se fait violence.
On répond, et un petit espoir est là.
Faut oser accepter de parler,
Faut oser faire le plus dur,
Mais il y a une main tendue,
On veut de l'aide, alors on prend le risque,
On échange quelques mots,
On franchit le pas, oui l'humanité existe,
Cette main tendue, inspire confiance.
Une voix calme et posée vous écoute,
Vous découvre, et vous aides,
Sans rien attendre en retour,
Une aide précieuse, qu'on ne croyait plus.
Une petite lumière apparaît
Une main tendue d'un inconnu,

Qui fait du bien, qui vous relax.
Qui vous donne un espoir,
Aller au-delà de ses peurs,
Est parfois bon pour nous,
Surtout quand on veut s'en sortir.
N'hésitez pas à demande de l'aide.
Malgré toute cette peur en vous.

Une seule femme,
Depuis un long moment,
J'avais cette crainte,
J'avais cette angoisse,
Pas moyen de la faire partir,
Milles solutions n'ont pas suffit,
Tout essayer, tout testé,
Mal de tête incessante,
L'envie de vomir,
Ne plus manger,
Ne plus dormir,
Puis, un jour,
Une femme,
Un visage apaisant,
Je prends mon courage à deux mains,
Je lui pose une question,
La peur m'envahit de sa réponse.

J'ai eu sa réponse, soulagement.
Ses paroles sont calmes, reposante,
Je n'ai pas l'habitude,
J'ai peur qu'elle ne voie le mal en moi.
Non, c'est le contraire,
Elle est gentille et honnête.
Ça rassure mon cœur,
L'angoisse se calme,
Une seule femme,
Dans ma vie a été juste et droite.
Elle ose me parler franchement.
Je suis heureuse, ça me fait du bien.
Rien que ce fait là,
Vous ne pouvez pas savoir,
Comment une franchise
Entre femme inconnue,
Peut rassurer un cœur et une âme,
Angoissé et stressé.
Je ne peux dire que merci
A cette inconnue au grand cœur,
Qui ne me connaissait pas,
Mais un simple mot,
Un simple message,
Même à l'homme que j'aime.
M'ont redonné un peu d'espoir,

De confiance en moi.
Comme quoi dans la vie,
Toutes les femmes
Ne sont pas les mêmes.

Pour mes ami(e)s
Ne m'en veut pas de penser à mes enfants avant toi
Ne m'en veut pas si je ne te parle pas tout le temps
Ne m'en veut pas si je clique sur j'aime en vitesse.
Sache une seule chose,
Ma porte virtuelle sera toujours
Ouverte pour toi, à tout heure
Si tu ne vas pas bien, viens me parler.
Je te remonterai le moral sans peine et avec plaisir
Pas un mot de ce que tu me diras
Ne fera le tour de la terre
J'emporterai les confidences dans ma mort
Toi, mon ami(e) de passage ou de toujours

Celle qui restera à jamais graver dans mon cœur
À tous ceux que j'apprécie énormément en tout amitié
Pour vous mes ami(e)s réels et virtuels.

Juste de belles paroles,
Pourquoi nous dire que nous sommes libres et en démocratie.
Pourquoi nous faire croire à tant de choses.
Pour soi-disant le bien être humain.
Quand on voit le nombre de papiers à avoir.
La somme d'argent qu'il faut.
Pour pouvoir même voyager quelques jours.
C'est honteux et inhumain.
Vous enfermer votre peuple dans une réserve grandeur nature.
Vous les nourrissez comme bon vous semble.
Vous ne regardez pas s'ils sont bien.
Tant bien que même si vous êtes au courant,

Qu'il manque de nourriture ou de travail,
Vous faites la politique de l'autruche.
Vous remplissez vos propres poches.
Vous créez la pauvreté partout.
Vous savez que tout le monde ne sera pas manifesté
Vous abusez de votre pouvoir.
Malgré que le peuple ne vous veuille plus.
Monsieur les politiciens,
Apprenez à écouter le peuple.
Ouvrez les frontières et vous serez gagnant.

La Kabylie 1
Un pays que je ne connais pas
Un pays aux milles couleurs
Un pays qui respire le calme,
La douceur et la tendresse.
Avec des paysages à couper le souffle
Toi, la Kabylie,
Tu as réussi à atteindre mon cœur
Je n'ai jamais mis les pieds sur ton sol
Mais dans mes rêves, j'y suis déjà
Je voudrais le faire découvrir
A ceux que j'aime

Je te rends hommage avec ce montage.
Tu es un morceau de terre,
Parmi tant d'autres,
Mais avec un charme fou.
Mais qu'on ne parle pas assez
Qu'on ne montre pas.
Tu as une mer d'un bleu transparent
Des paysages verdoyants
Des montagnes à toucher le ciel.
La nuit on peut admirer
Les étoiles par milliers.
La brise douce et légère
Te caresse le visage,
Te donne l'envie de t'endormir
À la belle étoile,
Pour assister à un lever de soleil
Éblouissant à en avoir des frisons.
A tout ceux qui aime les beaux paysages
N'hésitez pas à prendre des vacances
Dans un magnifique pays
Qui est là Kabylie.

Soutien à la Kabylie
Ma solidarité avec les kabyles.
J'estime que nous n'avons pas le droit

D'enlever une langue qui fait
Partie intégrante de tout un peuple.
Ce sont leur ORIGINE.
C'est comme si nous on nous dirai
Qu'on ne peut plus parler français
Que l'on doit parler néerlandais.
Au sujet de leur demande
d'indépendance
C'est tout aussi logique.
Pourquoi rester avec un pays
Où ils n'ont rien en commun.
Déjà que le gouvernement ne fait RIEN
Pour son peuple même pas les SOINS
De SANTE qui sont primordiale
Dans la vie de tout être HUMAIN.
Il ne crée pas d'EMPLOI,
Pas de CHOMAGE, etc.....
Je trouve ça logique qu'en vivant
Dans des conditions pareilles
Que le peuple KABYLE demande son
INDEPENDANCE.
Oui, on peut me dire que je ne connais
pas vos lois, etc...
Mais franchement avec tous les
témoignages,

Toutes les discussions que j'ai déjà eu ou lu sur le net.
Je ne peux que soutenir la cause des KABYLES.
Je ne voudrais pas vivre
Dans des conditions pareilles
En habitant une magnifique région,
Où il y a moyen de réaliser de belles choses
Surtout de l'emploi.
Au moins ça ne donnera pas l'envie de
Quitter son pays.
Mais malheureusement,
Le gouvernement est borné,
Il ne voit que son intérêt
Réduire un peuple à l'esclavage
Car il n'a pas les mêmes traditions
La même langue.
Oui, je vais encore avoir des personnes sur le dos
Mais j'ai l'habitude.
BONNE CHANCE à vous, faut rester
PACIFISTE éviter un autre
PRINTEMPS NOIR 2001

Ma belle Kabylie : Récolte d'olives

Voici la fin de l'automne
Voici le moment tant attendu
Pour la récolte de tes oliviers
Une des périodes, où tu réunis
Pendant un à deux mois,
Familles, enfants, proches et amis
Tout le monde participe à ce moment
Un moment privilégié
Avec ton soleil radieux,
Ton beau ciel bleu,
On entend le rire des enfants,
On les voit courir, jouer.
On en voit même apprendre
Comment faire, des impatients
Qui veulent grandir trop vite.
Mais quelle joie et quel bonheur
Chacun sait ce qu'il a à faire,
On voit les filets s'étendre au sol.
On sort les paniers, les râteaux,
Il y en a qui sont tellement habitués
Qu'ils les récoltent même à la main.
De temps en temps, on peut entendre
Les anciens chanter des chants traditionnels

Pendant le triage des olives.
Il y a un mélange de couleurs exceptionnel
Entre les habits traditionnel et moderne.
En plein milieu de tes oliviers
Au beau feuillage vert
Je ne peux dire qu'une chose,
Sans avoir vu tout ça en vrai
Sans vivre dans l'ambiance,
Merci de garder tes belles traditions.
A toi ma Kabylie, mon beau pays

Kabylie 4 : terre lointaine
Toi terre lointaine,
Je ne suis pas née chez toi
Mais je sais que je peux découvrir
Des levers de soleil éblouissant,
Qui te donne la force et le courage
Pour affronter la journée.
Je sais que je peux découvrir,
Tes vastes étendus de plaines,
Recouverte d'un tapis d'herbes vertes.
Je sais que je peux découvrir,
Ta chaîne de montagne majestueuse,
Où du haut des sommets,

Nous pouvons toucher les nuages.
J'aurai aimé grandir chez toi,
Pouvoir sentir ta brise légère,
Qui te donne l'envie d'avancer.
Toi, terre de sagesse, de calme et douceur,
Tu me fais rêver tous les jours,
Tu me donnes l'envie de tout quitter.
L'envie de te rejoindre.
De laisser tout à l'abandon,
Rien qu'en observant ton paysage,
J'en oublie mon passé.
Tu as su garder tes coutumes,
Que j'aimerai tant connaître,
Les sentir en moi,
Couler dans mes veines.
Toi, la terre que j'ai découvert,
La terre qui me fait tant rêver,
Tu as adopté mon cœur
Tu as adopté mon esprit,
Toi, terre mystérieuse,
Que personne connaît
Ou très peu,
Tu te prénommes
La Kabylie.

Ma belle Kabylie - religion
Quand je vois ton peuple
Qui est si accueillante
Qui se prétend laïque
Qui se dit tolérant.
Comment se fait-il,
Qu'il rentre dans le jeu des politiciens ?
Eux qui crient haut et fort.
De ne plus vouloir se gouvernement.
Qu'il crie depuis plusieurs vendredis
A la solidarité du peuple algérien.
Certains veulent une Kabylie
indépendante.
En cette période de ramadan,
Je ne vois que le contraire,
Intolérance et mépris,
Pourquoi tant de haine
Ont-ils oublié que la religion
Ne doit pas être mélangé à la politique.
Que chaque humain a le droit de choisir.
Ma pauvre Kabylie,
Une partie de ton peuple,
Se bat tellement fort pour tes origines.

L'autre, détruisent les vraies valeurs que
tu as.
Je comprends qu'ils détestent une
certaine race,
Mais pas d'en vouloir à tous les êtres
humains
En exprimant le mépris d'une religion.
Pourquoi n'en font-ils pas autant pour les
autres.
Je suis si triste de voir tout ça,
Car leurs paroles ne vont pas
Avec leur cœur.

Toi l'Algérie,
Algérie,
Pays que je ne connais pas.
Je ne suis pas pour ton gouvernement.
Qui est gouverné par des papys,
Tu es malheureusement dirigé par la
mafia.
Gouvernement qui fait du mal à ton
peuple,
Gouvernement qui ne les écoute pas,
Gouvernement qui emprisonne les
mauvaises personnes.

Gouvernement qui veut créer la haine entre humain,
Ce peuple qui crie leur haine envers ces papys.
Qui se sont nommés à la tête du pays sans l'avis du peuple.
Oui, je suis loin,
Mais tu as une partie de ton pays,
Que je ne pourrais pas enlever de mon cœur,
Je lis, je réfléchis et je suis pour le peuple.
Pourquoi opprimé tout un peuple.
Ils ont souffert pendant des années,
Ils ont accepté tant de choses.
Même ne pas avoir d'assurance,
Tu as un gouvernement,
Qui n'a pas pensé à la santé de son peuple.
Maintenant, tu t'étonnes que le peuple se rebelle.
Pauvre Algérie, ton peuple a enfin ouvert les yeux.
Il se réveille, il n'a plus peur, il ose parler.
Génération de vieux, juste une chose,

Vous ne réussirez plus à faire taire le peuple.
Laisse vivre ton peuple, laisse-les voyager,
Il est temps du renouveau
Afin que l'Algérie retrouve toute sa beauté,
Qu'elle a connu dans le passé.

A toi peuple Algérien musulman,
J'ai envie de crier ma colère,
J'ai honte de certaines personnes,
J'ai honte de voir le mal que vous faites.
Pourquoi manifestez-vous ?
Je pensais que c'était pour changer de gouvernement,
Pour changer vers un futur meilleur,
Mais en ce mois de Ramadan,
J'ai honte de certains musulmans,
Qui font du mal à d'autres personnes,
Pourquoi ça ?
Vous pensez qu'en fessant ça,
Vous allez avoir la grâce de Dieu.
Vous allez faire une bonne action.
Comment osez-vous, suivre une politique

Que vous dites être mafieuse.
Que vous le criez tous les vendredis.
Que le gouvernement doit dégager,
Que ça soit la bande de papy
Que ça soit la bande de je ne sais pas tout quoi.
Vous me faites honte, et mal.
Vous voulez vous défouler,
Alors défoulez-vous sur la bonne personne,
Ayez le courage d'aller affronter la bande de papy
Qui est en train de mettre des innocents en prison.
Arrêtez de vous en prendre aux personnes
Qui rompent le jeûne pour des raisons valable.
De toute façon, un vrai musulman,
N'a pas le droit de juger un autre être humain,
Si une personne ne fait pas le jeûne,
C'est une histoire entre Dieu et lui.
Pas à vous simple humain.
Car ce n'est pas une bonne action,

Que vous fassiez là, ce n'est que vous attirer
Vers le chemin de l'enfer.

Tu n'arrêteras donc jamais papy.
Pourquoi tu continues d'opprimer ton peuple,
Tu as commencé par arrêter les personnalités,
Bien sûre, ceux qui sont kabyle,
Ceux qui donne du travail.
Les vrais ripoux restent en liberté,
Ceux qui te versent de l'argent.
Oui, j'ai encore à redire à ton sujet, papy.
Mais le monde a le droit de savoir.
Comment tu fais pression sur le peuple kabyle.
Maintenant, tu interdis les drapeaux amazighs.
Tu arrêtes des gens parce qu'ils osent parler.
Parce qu'ils osent t'affronter.
Parce qu'ils utilisent leur droit d'expression.
Mais ça ne te plait pas, papy.

Tu as peur de quoi ?
Tu veux être un deuxième Hitler.
Que le peuple Kabyle marche à ta façon.
Pas de chance pour toi,
Jamais ils ne t'écouteront, ils sont trop fiers.
Ils sont fiers de leurs traditions,
Ils sont fiers de ce que leurs ancêtres ont fait.
Tous ceux qui se sont battus,
Pour garder leur liberté et leur drapeau.
Jamais, ils ne vont céder à ton chantage.
Tu les connais mal,
Regarde l'histoire, combien de fois,
Oui combien de fois, ils se sont battus.
Tu l'as vu toi-même papy,
En 2001, ce qui s'est passé,
Tant de kabyle mort pour leur terre,
Pour garder leur liberté.
Papy, tout ce que tu fais,
Va servir à réveiller, le lion.
Lequel, celui qui dort en eux.
Dis-toi que pour l'instant c'est pacifique.
Mais fait pas trop de pas de travers,
Parce que comme dans tous les peuples.

Il y en a qui ne tiendront pas longtemps.
A ce moment-là, c'est toi qui iras te cacher.
Comme tous les ripoux dans un autre pays.

© 2019, Astrid Suvée-Aziri

Edition : Books on Demand,
12/14 rond-Point des Champs-Elysées, 75008 Paris
Impression : BoD - Books on Demand, Norderstedt, Allemagne
ISBN : 9782322114467
Dépôt légal : Juillet 2019